Peene

KANU KOMPAKT

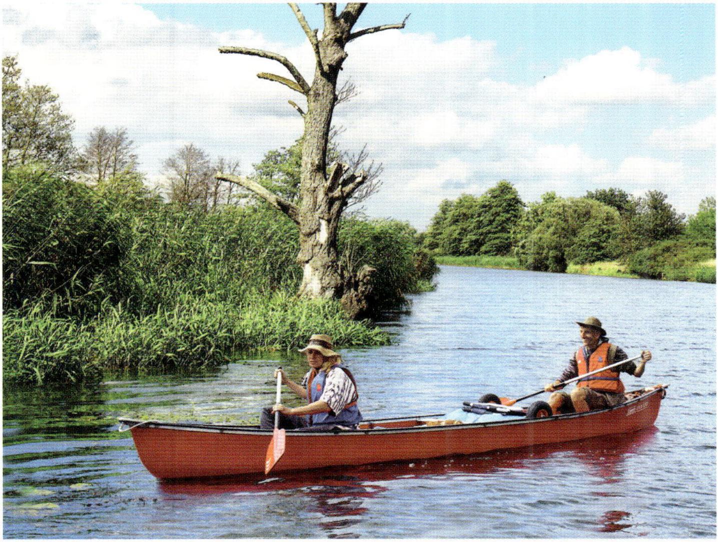

Impressum

3. aktualisierte Auflage 2024

 THOMAS KETTLER VERLAG
Von-Hutten-Str. 15
D-22761 Hamburg
Tel. +49 (40) 39 10 99 10
Fax +49 (40) 390 68 20
www.thomas-kettler-verlag.de
www.kanubuch.de

Text & Fotos: Thomas Kettler

Titelfoto & Foto Seite 1: *Zwischen Liepen und Stolpe*, Thomas Kettler
Lektorat: Carola Hillmann
Wasserwanderkarten: Jübermann - Kartographie u. Verlag, Carola Hilmann
Stadtpläne: David Schwinn, StepMaps
Umschlagkarten: Carola Hillmann
Konzept, Layout & Satz: Carola Hillmann
Illustration: Ann-Sophie Ränger, Carola Hillmann
Lektorat Kanufahrschule: Falk Bruder
Druck & Gesamtherstellung: Drukarnia Beltrani Sp. J., Krakau

Weitere Bildnachweise (o. = oben, u. = unten):
Villa Eden: Seite 62.
Falk Bruder: Seite 7, 9 o., 27 u., 35, 41, 49, 52 o., 53 o.+ u..
Antje Thiel: Seite 18 o., 29 o., 33, 63, Rückenumschlag Bild links.

Bildnachweise Wikimedia Commons:
Seite 19 o.: Christian Fischer; Seite 20: Chron-Paul; Seite 21: Elisauer;
Seite 26: Uwe Zimmermann; Seite 39 u.: Uwe Barghaan; Seite 47 : Frank Liebig;
Seite 52 u.: Sven Segler; Seite 72: Erell; Seite 91: gemeinfrei

Bibliografische Information Der Deutschen Nationalbibliothek
Die Deutsche Nationalbibliothek verzeichnet diese Publikation in der Deutschen Nationalbibliografie; detaillierte bibliografische Daten sind im Internet über *http://dnb.d-nb.de* abrufbar.

ISBN 978-3-98513-119-8

Inhaltsverzeichnis

Infos zum Kanufahren, zur Region und zur Peene

Kanutour Peene

Kanutour Peenestrom

Adressen

Weiteres

Vorwort

„Amazonas des Nordens" wird die Peene auch genannt, und wahrhaftig, wie der wasserreichste Fluss der Erde, ist auch die Peene Lebensader. Lebensader eines der größten zusammenhängenden Niedermoorgebiete Mittel- und Westeuropas mit einer Fläche von rund 20.000 Hektar.

Für den Besucher erschließt sich seine Schönheit oft erst auf den zweiten Blick. Man könnte dem breiten Fluss daher auch den Beinamen „Fluss der stillen Reize" verleihen. Von den grünen Hügeln der Mecklenburgischen Schweiz kommend, schlängelt er sich fast strömungslos entlang stiller Bruchwälder und Flussauen. Wenige Freizeitschiffer oder Fischerboote und nur einige Ausflugsdampfer teilen sich den Fluss mit den Paddlern. Dagegen geben die links und rechts abzweigenden Torfstiche sowie verschilfte Ufer Einblick in eine artenreiche Flora und Fauna. Nur selten reichen Ortschaften bis dicht ans Wasser. Hinter Anklam durchfließt die Peene als breiter Strom das Achterwasser entlang der Insel Usedom und mündet bei Peenemünde in die Ostsee.

Unter dem Netzwerk „Abenteuer Flusslandschaft" haben sich mehrere Unternehmen dem Ausbau des sanften Tourismus vor Ort verschrieben. Ein ausreichend dichtes Netz an Wasserwanderrastplätzen, die größtenteils mit Sanitäranlagen ausgestattet sind, aber auch Hotels und Gasthöfe, machen die Tour komfortabel.

Im Jahre 2010 wurde die weitverzweigte Vorpommersche Flusslandschaft mit dem EDEN-Award (EDEN steht für European Destinations of ExcelleNce – herausragende europäische Reiseziele) als beste wassertouristische Region ausgezeichnet.

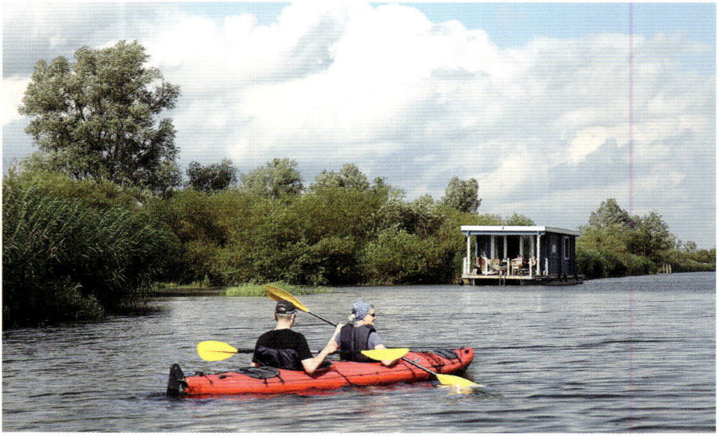

Das Kanu

Kanu ist der Oberbegriff für alle Boote ohne befestigtes Ruder, also sowohl Canadier als auch Kajaks. Der **Canadier** eignet sich insbesondere für Wandertouren und bietet mehreren Personen mit Gepäck Platz. Er wird mit dem Stechpaddel bedient und ist offen.

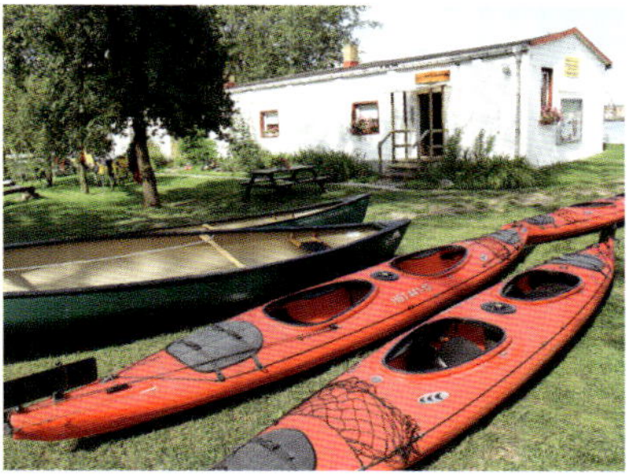

Das **Kajak**, bis auf eine kleine Luke geschlossen, wird mit einem Doppelpaddel gefahren und ist meist wendiger und schneller als ein Canadier. Wegen seines windschlüpfrigen Verhaltens ist ein Kajak für das Befahren von größeren Seen und Wanderflüssen besonders geeignet. Der Nachteil liegt darin, dass die Zuladung beschränkt, das Ein- und Aussteigen umständlich und die Sitzposition, anders als beim Canadier, durch die Bauweise vorgegeben ist. Kajaks gibt es generell für ein oder zwei Personen, während im Canadier auch eine vierköpfige Familie Platz findet.

Der **Canadier** besticht durch sein großzügiges Raumangebot und das einfache Beladen, Ein- und Aussteigen; Kinder können sich in ihm freier bewegen. Auch für den, der das Kanu durch ein Stechpaddel antreibt, bieten sich im Sitzen mit angewinkelten oder gestreckten Beinen oder kniend variantenreiche Sitzpositionen, die ein ermüdungsfreieres Paddeln ermöglichen. Die größere Kippstabilität wird vom Anfänger als angenehm empfunden. Sein Nachteil liegt eindeutig bei der größeren Windanfälligkeit, dies kann aber durch eine Persenning vermindert werden.

Tipp: Wer mit einem Canadier unterwegs ist und auch an Land mobil sein möchte (zurück zum Pkw), sollte in Erwägung ziehen, ein Faltrad mitzunehmen. Durch optimierte Falt-Scharniere wird aus dem Fahrrad innerhalb weniger Sekunden ein kleines, handliches Paket.

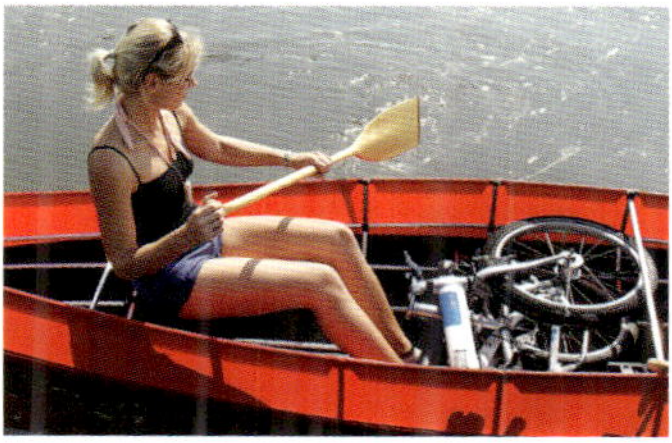

Zum notwendigen Paddel-Zubehör gehören:

- **Paddel.** *Doppelpaddel* für das Kajak haben idealerweise eine Länge von ca. 220-240 cm, während das im Canadier verwendete Stechpaddel beim Stehen bis unters Kinn reichen sollte. Für Kinder darf es ruhig etwas länger sein. Kunststoffpaddel sind zwar pflegeleichter als Holzpaddel, die aber sind vom Material her sympathischer.

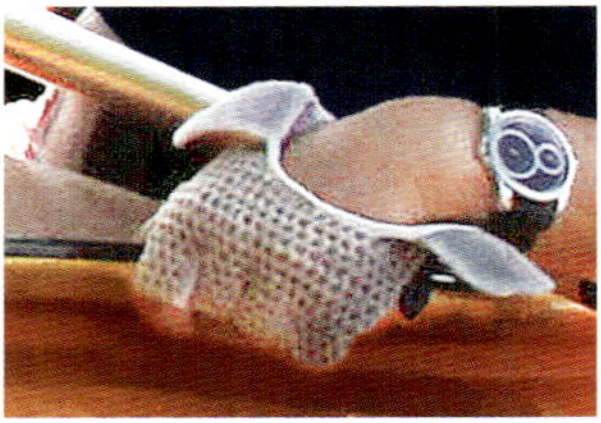

Tipp: Paddel- oder einfache Radhandschuhe schützen empfindliche Hände vor Blasen.

- **Reservepaddel.** Muss in jedem Kanu griffbereit, aber sicher befestigt vorhanden sein. Noch wichtiger ist dies bei Solopaddlern, da sie manövrierunfähig werden, wenn das Paddel über Bord geht.
- **Rettungsweste.** Kein Kind darf ohne ohnmachtssichere Rettungsweste ins Boot. Sie hat einen Kragen, der den Kopf über Wasser hält und so wirklich vor dem Ertrinken schützt.
- **Schwimmweste.** Jeder Erwachsene sollte sie tragen (auch als Vorbildfunktion). Wie die Rettungsweste auch, muss sie dem Körpergewicht des Trägers angepasst sein.
- **Wurfsack.** Zum Retten eines Schwimmers vom Ufer aus. Der Nylonbeutel mit einem Auftriebselement und etwa 20 Meter Seil ist immer dabei, egal ob Wildwasser oder Wanderfahrt.
- **Bootswagen.** Ist für längere Landtransporte unverzichtbar. Wer sich einen zulegt, sollte gleich auf gute Verarbeitung achten. Er muss stabil, das Rohrgestell verschweißt statt genietet und zusammenklappbar sein, breite Räder und eine Stütze haben, so dass er auch von nur einer Person beladen werden kann.

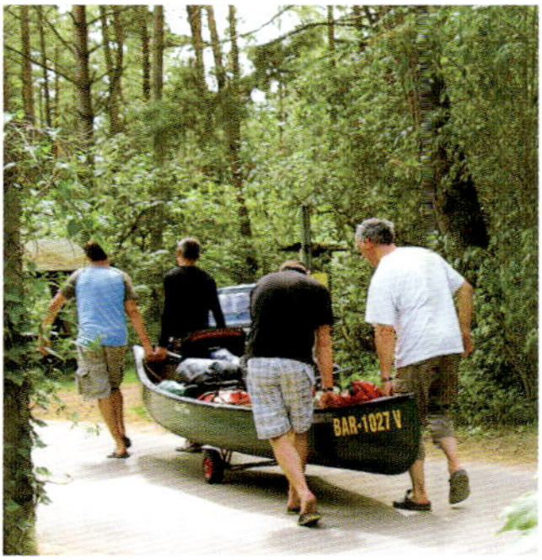

- **Praktisches:**
  Leinen zum Festmachen und Halten des Kanus.
  Spanngurte zum Sichern der Säcke und Tonnen.
  Ein ***Schwamm*** zum Säubern und „Entwässern" des Kanus.
  Ein ***Schloss*** (z.B. Spiralfahrradschloss) zum Sichern des Kanus am Ufer bei Besichtigungen oder festen Unterkünften.

Kanu mieten oder kaufen

Zu Anfang ist es sinnvoll, sich ein Kanu zu mieten. Daher nennen wir in diesem Buch im Adressteil Kanuvermieter und Tourenveranstalter.

Idealerweise ist bei der Auswahl eines Kanuvermieters / Veranstalters darauf zu achten, dass er Mitglied im ***Bundesverband Kanu e. V.*** (BVKanu) ist. Die Mitglieder garantieren Qualität und qualifizierte Mitarbeiter, Sicherheit und fachkundige Einweisung sowie einen Einsatz für den Naturschutz im Kanutourismus. Auch das ***Qualitätssiegel QMW Kanu*** WASSER TOURISMUS DEUTSCHLAND steht für besonders gute Qualität und Sicherheit bei Anbietern.

Kanufahren zeichnet sich zwar durch Individualität aus, aber nicht immer fühlt man sich alleine auf dem Wasser wohl. Die Mitgliedschaft im ***Deutschen Kanu-Verband*** (DKV), auch als nicht vereinsgebundenes Einzelmitglied, bietet, neben der Teilnahme an gemeinsamen Fahrten, dem Austausch persönlicher Erfahrungen zu Booten und Ausrüstung, auch den Vorteil preisgünstiger Übernachtungen in den ***DKV-Kanustationen***.

Die Ausrüstung

Kleidung: Es gibt kein schlechtes Wetter, nur die falsche **Kleidung!** Für die hier in diesem Buch beschriebene Tour wird keine teure High-Tech-Kleidung benötigt, aber eine gute **Regenjacke und -hose** lässt den Paddler dem nächsten Regenschauer gelassen entgegensehen. Ansonsten sollte nach dem „Zwiebelprinzip" verfahren werden – mehrere leichte Kleidungsstücke übereinander anziehen.

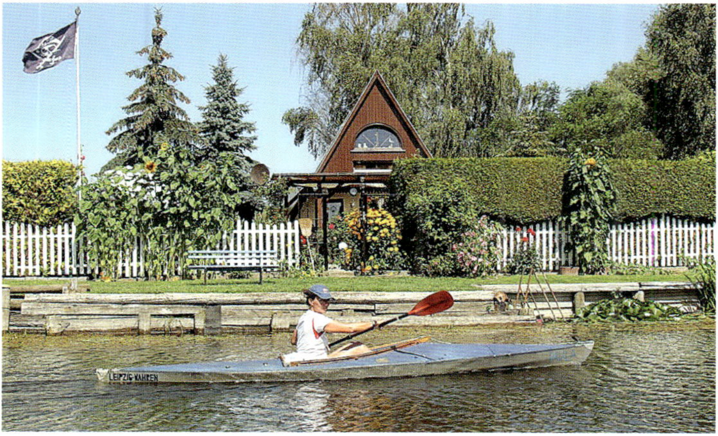

Fleecepullis, mit hervorragender Isolationseigenschaft, dem geringen Gewicht und der Tatsache, dass sie im nassen Zustand noch wärmen, aber auch schnell trocknen, sind ideal. Eine lange **Hose aus einem Synthetik-Baumwollgemisch** ist sicher besser als eine Jeans. Schuhe müssen nicht schön sein, sondern vor allem fest sitzen. Am besten sind Schnür-, Sport- oder spezielle Paddlerschuhe. Für kleine und große Ausflüge haben wir immer Wanderschuhe dabei.

Da die Sonneneinstrahlung auf Wasserflächen sehr intensiv ist, dürfen ein **Sonnenschutz** und eine **Sonnenbrille** nicht fehlen.

Packsäcke: All die hier genannten Ausrüstungsgegenstände finden Platz in wasserdichten **Weithals-Tonnen** mit Schraubdeckel sowie wasserdichten **Packsäcken** (optimal finden wir transparente), die durch ein „Roll-/Steckverschluss-System“ wasserdicht verschlossen werden. Mehrere kleine sind idealer als wenige große!

Die meisten Kanuvermieter händigen wasserdichte Tonnen vor Antritt der Fahrt aus. Ist man jedoch mit dem eigenen Kanu unterwegs und scheut zu Anfang die für mehrere Säcke/Tonnen recht hohen Anschaffungskosten, tun es zu Beginn auch stabile Plastik- oder Müllsäcke.

Zelt & Schlafsack: Viele der beschriebenen Streckenabschnitte lassen sich so planen, dass mit wenig Gepäck von Gasthof zu Gasthof gepaddelt werden kann, um am Abend warm und trocken beim Abendessen im Schankraum zu sitzen. Ein **Zelt,** ein **Schlafsack** und eine **Isomatte** sollte jedoch immer dabei sein. Denn wer weiß schon, ob man sein Tagesziel auch erreicht oder ein Gewitter die ganze Planung über den Haufen wirft.

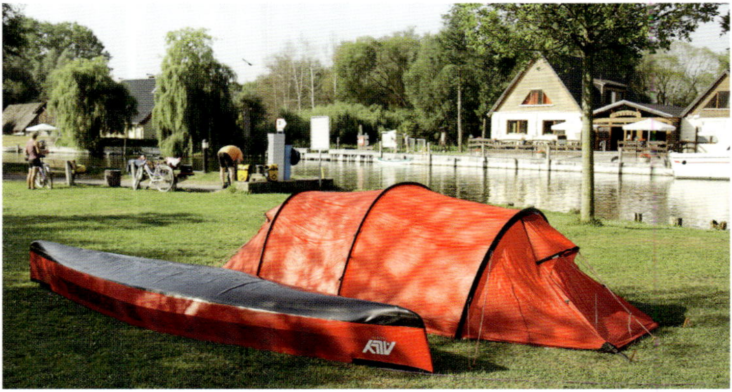

Oft bietet sich wahlweise, wie hier, am Wasserwanderrastplatz Aalbude in Verchen die Übernachtung im Zelt oder in einer Pension an ...

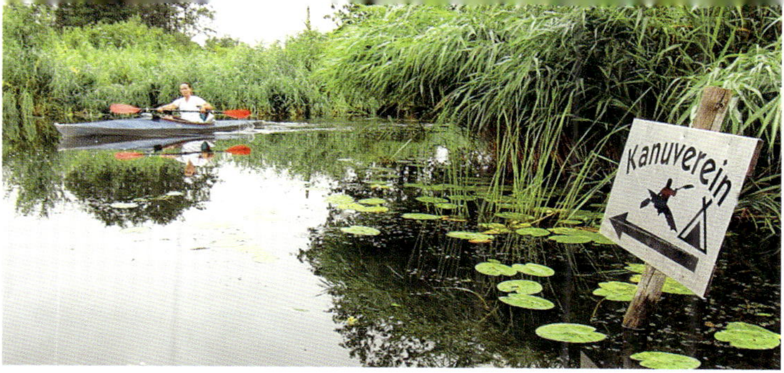

... oder, wie hier, im Bootshaus des Kanuvereins Gützkow

Campingküche: Wer nicht auf den morgendlichen Kaffee oder die Spaghetti am Abend verzichten möchte, der muss einen **Campingkocher** mit auf Tour nehmen.

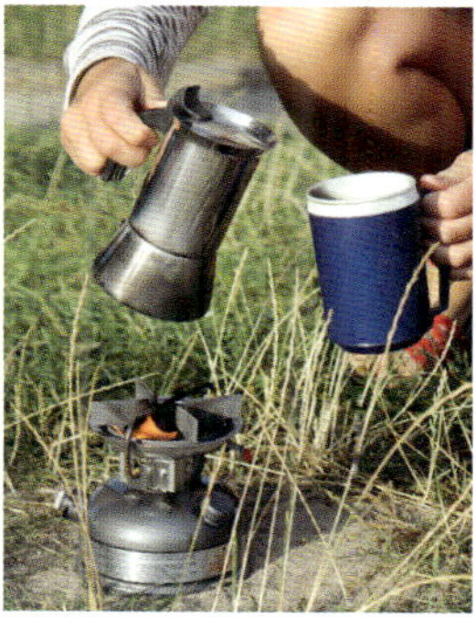

Folgende Typen sind zu unterscheiden:

- **Benzinkocher.** Hat den höchsten Heizwert. Benzin ist überall zu bekommen und billig.
- **Gaskocher.** Nicht so hoher Heizwert, jedoch sauberes Verbrennen. Teure Kartuschen.
- **Multifuelkocher.** Guter Heizwert. Ist mit fast jedem Flüssigbrennstoff zu betreiben und sehr leicht.
- **Petroleumkocher.** Hoher Heizwert, jedoch starke Geruchsbelästigung, die, anders als beim Benzin, nicht „verfliegt".
- **Spirituskocher.** Sind leicht und einfach zu handhaben. Relativ geringer Heizwert.

Als **Küchenausstattung** empfehlen wir ein Kochset, bestehend aus 3 verschieden großen, ineinandergestellten Kochtöpfen (2 L, 1,5 L, 1 L), einem Wasserkessel und zwei verschieden großen Deckeln, die gleichzeitig als Pfannen dienen. Wir haben außerdem immer eine Espressokanne dabei, mit der wir Kaffee kochen. Weiterhin tiefe und flache Teller, Besteck, Wassersack, Thermoskanne, Thermobecher, kleines Schälmesser, Schneidebrettchen, Alufolie, Geschirrtuch, Spülmittel und eine Faltschüssel.

Weitere nützliche Ausrüstungsgegenstände sind ein Klappspaten, Toilettenpapier, Erste-Hilfe-Set, Waschzeug, Insektenschutz, Taschenmesser, Taschenlampe, Fernglas, Schreibutensilien.

Schlagrichtung des Paddlers 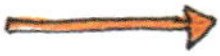 Bewegungsrichtung des Kanus 

Die beschriebenen Paddelschläge können und sollen miteinander kombiniert werden. Zur korrekten Ausführung wird das Paddel im Prinzip nicht durch das Wasser „gezogen“, sondern soll annähernd stationär bleiben und das Kanu über das Wasser bewegt werden. Hierbei wird eine optimale Kraftausbeute angestrebt. Bei einem sehr gut ausgeführten Paddelschlag gibt es keine Verwirbelungen und kaum Wellen am Paddelblatt.

Kajak-Fahrschule

Allgemeines

In der Regel sind die beiden Blätter eines Doppelpaddels gegeneinander verdreht. Bei den üblichen rechtsgedrehten Paddeln umfasst die rechte Hand den Schaft so, dass das rechte Paddelblatt senkrecht ins Wasser eingetaucht werden kann. Die linke Hand umfasst den Paddelschaft nur locker und nach jedem Paddelschlag wird das Paddel mit der rechten Hand so gedreht, dass das aktive Blatt senkrecht ins Wasser gesetzt werden kann (bei linksgedrehten Paddeln gelten die Hinweise entsprechend seitenvertauscht). Stellen Sie die Fußstützen des Kajaks so ein, dass Sie bequem sitzen und gleichzeitig einen guten Bootskontakt mit den Oberschenkeln haben. Bei Kajaks mit Fußsteuerung den Abstand der Pedale so wählen, dass Sie mit leicht angewickelten Beinen im Boot sitzen und genügend Spielraum nach vorne haben, um das Pedal durchzutreten und das Steuer bewegen zu können.

Einsteigen

Kanu parallel zum Ufer ausrichten, bei starker Strömung mit dem Bug (=Bootsspitze) gegen die Strömungsrichtung. Zum Einsteigen das Boot mit der sogenannten „Paddelbrücke“ stabilisieren: Paddel im rechten Winkel zum Boot über Süllrand (=Bootsrand) und Ufer oder Steg legen; mit einer Hand Süllrand und Paddel fassen und mit der anderen Hand das Paddel aufs Ufer drücken. Zum Einsteigen das Gewicht über das Paddel verlagern und mit dem bootsseitigen Fuß zuerst einsteigen. Anschließend möglichst rasch hinsetzen, d. h. im Kajak gleich auf den Sitz rutschen, um einen tiefen Schwerpunkt zu erzielen und die Stabilität des Kanus zu erhöhen.

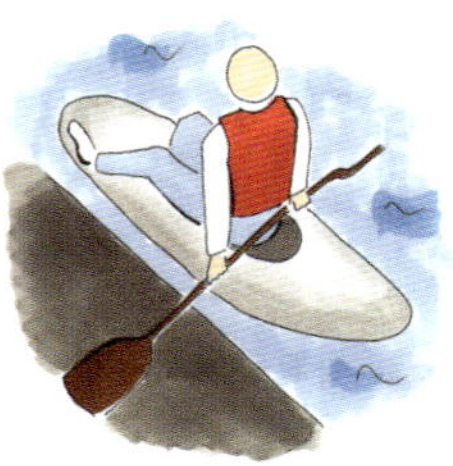

Spritzdecke

Spritzdecke zunächst hinter dem Körper um den Süllrand legen und von hinten nach vorne schließen; abschließend nach vorne über den Süllrand ziehen. Dabei unbedingt darauf achten, dass die Lasche vorne herausguckt, um die Spritzdecke im Falle einer Kenterung leichter öffnen zu können.

Paddelhaltung

Das Paddel in beide Hände nehmen und auf den Kopf legen. Die optimale Griffbreite ist erreicht, wenn der Winkel zwischen Ober- und Unterarm ein wenig kleiner als 90 Grad ist.

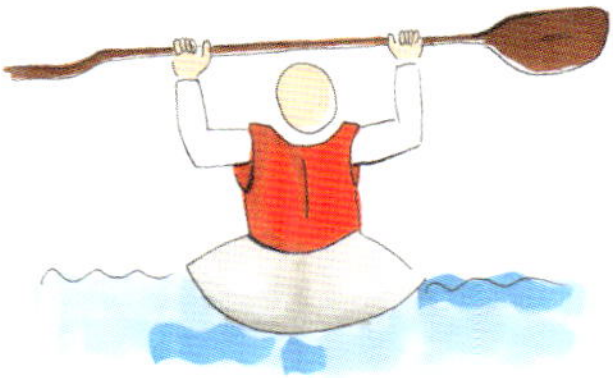

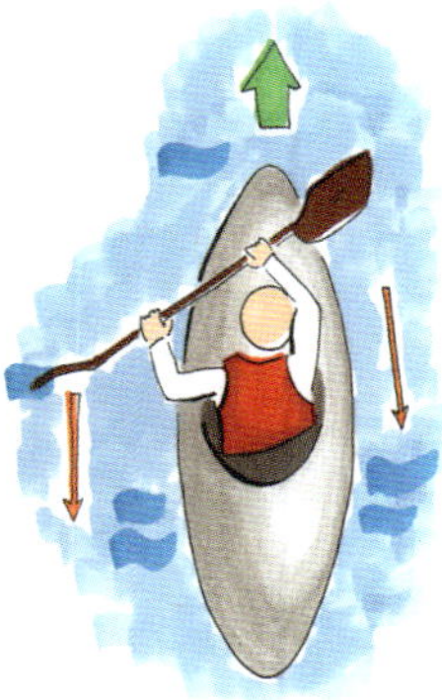

Grund- und Treibschlag

Mit leicht nach vorne gebeugtem Oberkörper Paddel vorne, dicht neben der Bootswand einsetzen. Die „Zughand" zieht das Paddel parallel am Boot entlang nach hinten, während die „Druckhand" das sich in der Luft befindliche Blatt nach vorne drückt. Die Bewegung nicht allein mit den Unterarmen ausführen, sondern zur Unterstützung bei gestrecktem Arm den Oberkörper mitdrehen. Ist das aktive Paddelblatt knapp hinter der Sitzposition, den Zug stoppen und die Seite wechseln.

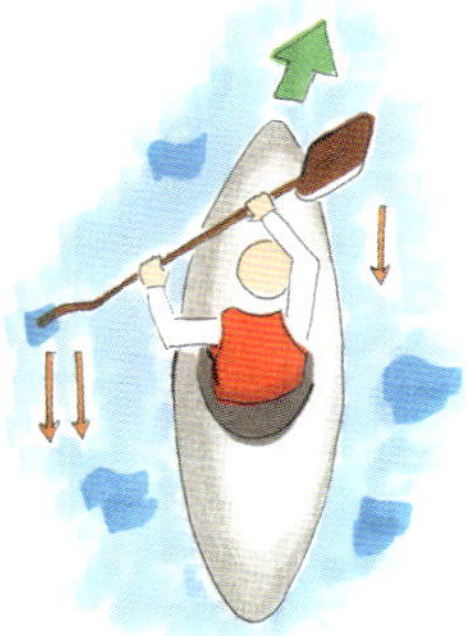

Steuern

Wird der Paddelschlag auf der linken Seite stärker ausgeführt, dreht der Bug nach rechts – und umgekehrt. So können Sie das Boot – ganz ohne die ebenfalls erhältlichen Fußsteueranlagen – auf Kurs halten. Sind starke Kursänderungen erforderlich, erreichen Sie diese mit dem Bogenschlag. Beim Ab- und Anlegen mit Kajaks die über eine Steueranlage verfügen unbedingt daran denken, das Steuer rechtzeitig einzuklappen, um es nicht zu verbiegen.

Ziehschlag

Steuerschlag, um das Boot seitlich zu versetzen; dazu das Paddelblatt möglichst weit entfernt senkrecht zur Längsachse und parallel zum Boot ins Wasser tauchen und nicht zu dicht, an die Bootswand heranziehen und nach oben aus dem Wasser nehmen. Dabei darauf achten, dass das Paddelblatt nicht unter den Bootskörper gezogen wird, da dies zum Kentern führen kann.

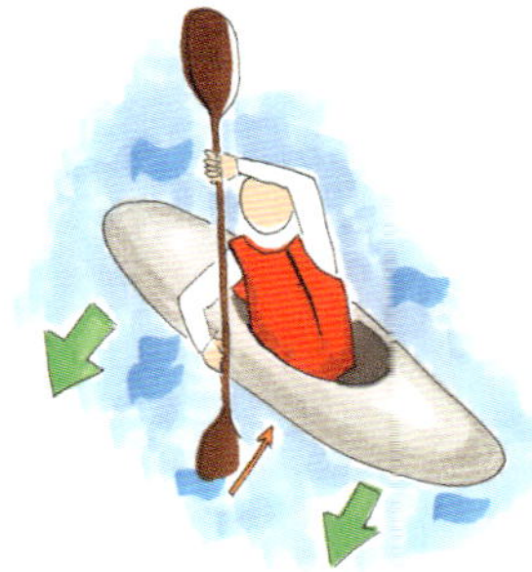

Bogenschlag

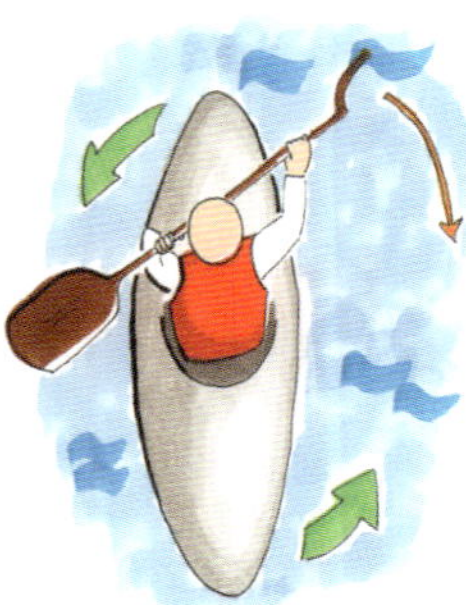

vorwärts

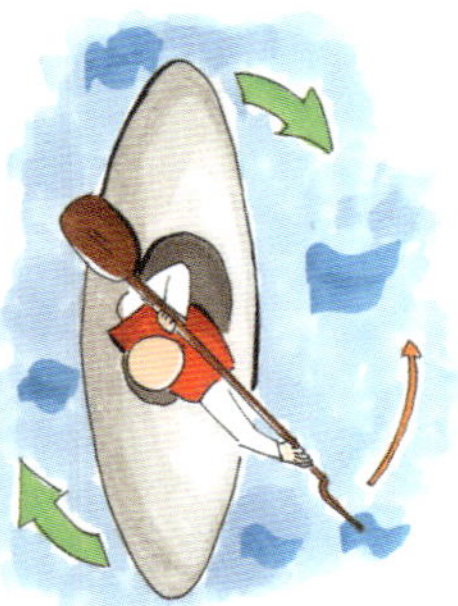

rückwärts

Steuerschlag, um das Boot zu drehen: vorwärts ausgeführt, dreht er das Boot weg von der Schlagseite. Dazu das Paddel möglichst weit vorne und dicht am Boot eintauchen und das Paddelblatt flach unter der Wasseroberfläche in einem weiten Halbkreis um das Boot bis nahe ans Heck führen. Je größer der Radius, desto stärker die Steuerwirkung. Um das Kanu abzubremsen und gleichzeitig eine Kurskorrektur zur Paddelseite hin durchzuführen, können Sie den Bogenschlag rückwärts ausführen.

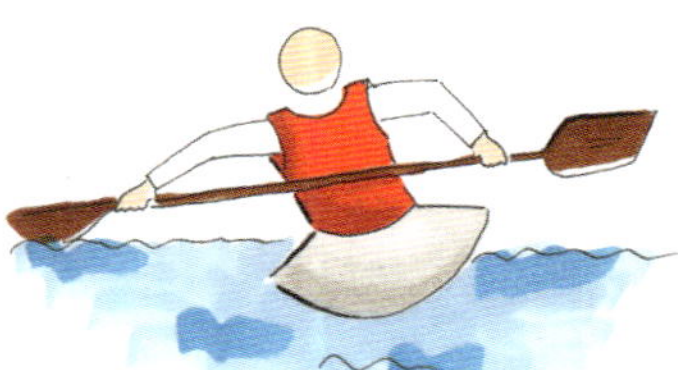

Paddelstütze

Stabilisierungsschlag, bei dem das Paddel als Ausleger genutzt wird, um das Kentern zu verhindern; dazu einfach das Paddel auf der Seite, zu der das Boot zu kippen droht, soweit wie möglich nach außen flach auf das Wasser drücken.

Allgemeines

Auf dem hinteren Sitz nimmt in der Regel der erfahrenere oder kräftigere Paddler Platz. Er gibt im Flachwasser die grobe Richtung vor, der Vordermann versucht ihn zu unterstützen. Der Vordermann gibt die Schlagzahl vor; achten Sie darauf, einen möglichst gleichmäßigen Schlagrhythmus einzuhalten, um ein „Aus-dem-Ruder-laufen" zu vermeiden. Je nach Ausdauer kann ein gelegentlicher Wechsel der Paddelseiten stattfinden, der von beiden nach Absprache gleichzeitig durchgeführt wird. Der Vordermann hat stets die Aufgabe auf Hindernisse, die direkt vor dem Canadier auftauchen, aufmerksam zu machen.

Einsteigen

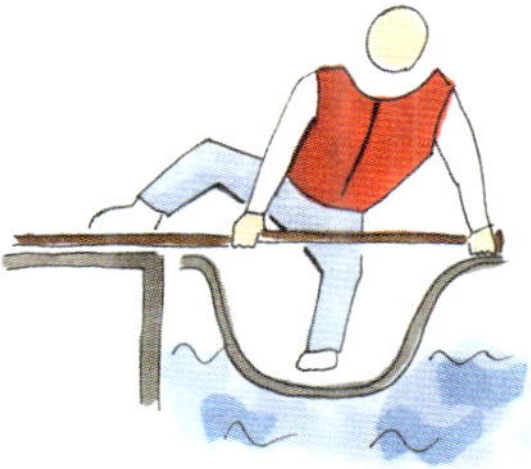

Kanu parallel zum Ufer ausrichten, bei starker Strömung mit dem Bug (=Bootsspitze) gegen die Strömungsrichtung. Zum Einsteigen das Boot mit der sogenannten „Paddelbrücke" stabilisieren: Paddel im rechten Winkel zum Boot über Süllrand (=Bootsrand) und Ufer oder Steg legen; mit einer Hand Süllrand und Paddel fassen und mit der anderen Hand das Paddel aufs Ufer drücken. Zum Einsteigen das Gewicht über das Paddel verlagern und mit dem bootsseitigen Fuß zuerst einsteigen. Anschließend möglichst rasch hinsetzen oder beim Canadier auch möglich, eventuell hinknien, um einen tiefen Schwerpunkt zu erzielen und die Stabilität des Kanus zu erhöhen.

Aussteigen

Wie Einsteigen, nur in umgekehrter Reihenfolge.

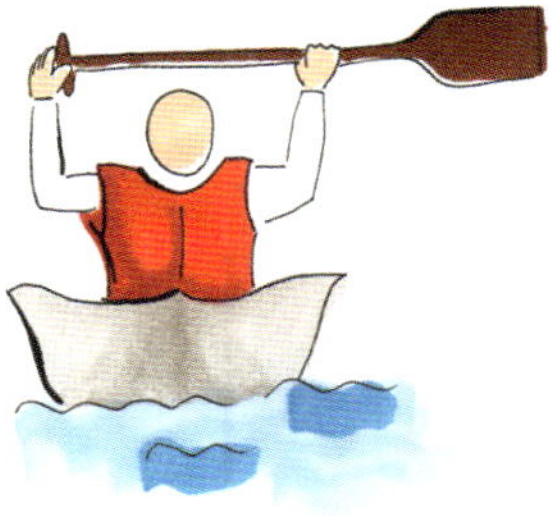

Paddelhaltung

Eine Hand fasst den Paddelknauf, hierbei wird der Griff von oben wie beim Spaten umfasst. Die andere Hand umgreift den Paddelschaft, so dass Ober- und Unterarm einen Winkel von 90 Grad bilden.

Grund- und Treibschlag

Das ganze Paddelblatt wird senkrecht ins Wasser getaucht und parallel zum Boot (in Bootslängsachse) bis etwa auf Körperhöhe durchs Wasser gezogen. Dabei wird mit dem unteren Arm gezogen, während der obere Arm drückt; gleichzeitig wird der Oberkörper etwas nach vorne geneigt und mitgedreht. Stimmen Vorder- und Hintermann ihren Grundschlag aufeinander ab, bewegt sich der Canadier kursstabil geradeaus. Paddelt nur einer, bewegt sich das Kanu der paddelabgewandten Seite zu.

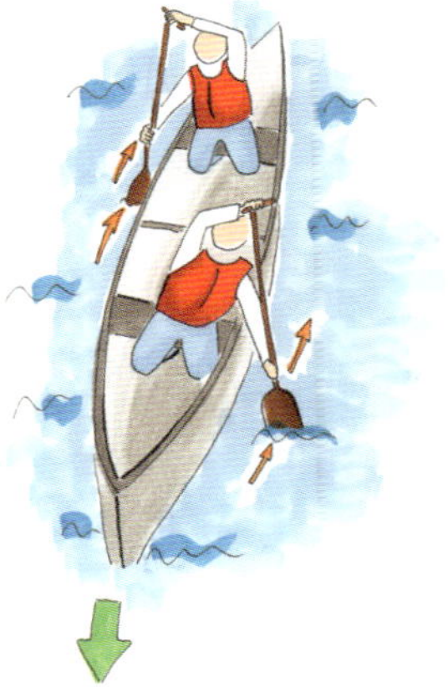

Steuern oder J-Schlag (nur Hintermann)

Dabei wird das Paddel zuerst wie beim Grundschlag geführt, am Körper vorbei in einer Bogenbewegung mit der wasserverdrängenden Paddelseite vom Boot weggedrückt. Dabei zeigt der Daumen der Hand am Paddelknauf nach unten und der Handrücken nach außen. Der Vordermann kann weiterhin den Grundschlag ausführen oder die Drehbewegung mit einem Bogenschlag verstärken. Der J-Schlag ist besonders vorteilhaft für Solo-Canadier, da er das „Aus-dem-Ruder-laufen" bei der normalen Geradeausfahrt verhindert.

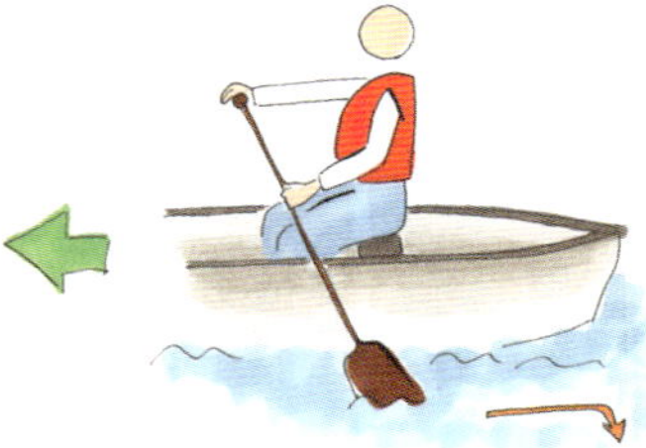

Ziehschlag

Steuerschlag, um das Boot seitlich zu versetzen; dazu das Paddelblatt möglichst weit entfernt senkrecht zur Längsachse und parallel zum Boot ins Wasser tauchen und, nicht zu dicht, an die Bootswand heranziehen und nach oben aus dem Wasser nehmen. Dabei darauf achten, dass das Paddelblatt nicht unter den Bootskörper gezogen wird, da dies zum Kentern führen kann.

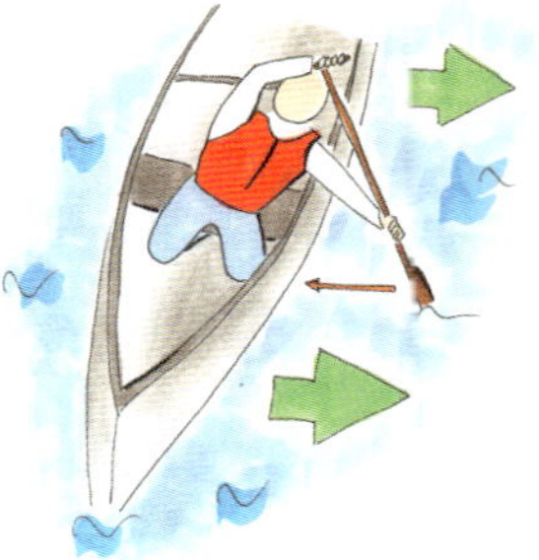

Bogenschlag

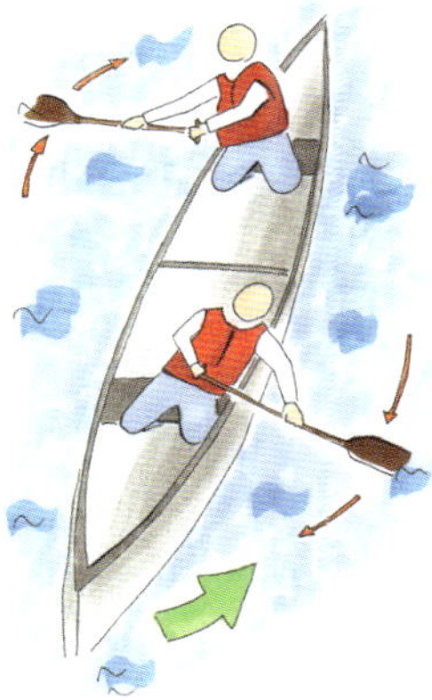

Steuerschlag, um das Boot zu drehen. Um einen Zweier-Canadier auf der Stelle zu drehen, führt der Vordermann den Bogenschlag vorwärts und der Hintermann den Bogenschlag rückwärts aus (oder umgekehrt, aber immer gegenläufig). Vorne vorwärts: das Paddel möglichst weit vorne und dicht am Boot eintauchen und das Paddelblatt flach unter der Wasseroberfläche in einem Viertelskreis bis auf Körperhöhe führen. Hinten rückwärts: Beginn nahe am Heck des Bootes und das Paddelblatt von hinten nach vorne im Viertelskreis bis auf Körperhöhe führen. Dies dreht das Boot weg von der Paddelseite des Vordermanns. Zum Drehen zur anderen Seite werden die Schläge genau gegenläufig durchgeführt: vorne rückwärts, hinten vorwärts. Jeweils gilt, je größer der Radius, desto stärker die Steuerwirkung.

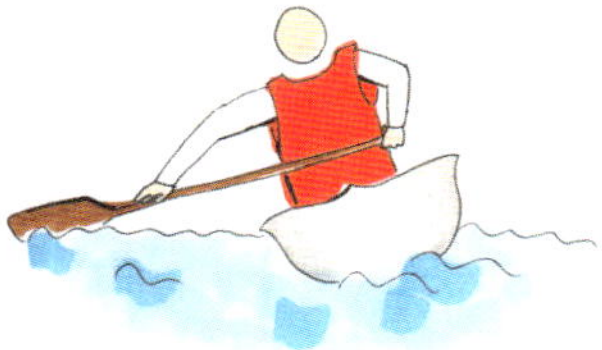

Paddelstütze

Stabilisierungsschlag, bei dem das Paddel als Ausleger genutzt wird, um das Kentern zu verhindern; dazu einfach das Paddel auf der Seite, zu der das Boot zu kippen droht, soweit wie möglich nach außen flach auf das Wasser drücken.

Weiterführende Literatur:

„Kanu-Handbuch"*, Praxis-Ratgeber,* Verlag Reise Know-How

Outdoor Basixx „Kanuwandern" & „Solo im Kanu", Conr. Stein Verlag

„Stechpaddel Fahrschule", Thomas Kettler Verlag

Infos zum für Sie nächstgelegenen Kanukurs bekommen Sie bei:

Bundesverband Kanu e.V., c/o BVWW, Gunther-Plüschow-Str. 8, 50829 Köln, Tel. +49 (0)221 59 57 10, www.bvkanu.de

Deutscher Kanu-Verband e.V., Bertaallee 8, 47055 Duisburg, Tel. +49 (0)203 99 75 90, www.kanu.de

Floß- & Hausboot-Abenteuer auf der Peene

Floß- oder Hausboot-Urlaub wird immer beliebter. Dafür gibt es gute Gründe: die führerscheinfreien schwimmenden Plattformen sind so gebaut, dass man bei Sonne, Wind oder Regen der Natur immer sehr nah ist, Komfort aber kein Fremdwort bleiben muss.

Die Bandbreite reicht von schlichter Outdoorbestuhlung über bequeme Schlafplätze und, auf den komfortableren Flößen, sogar eine fest installierte Toilette oder eine Küche mit den nötigen Geschirr- und Kochutensilien. Den Antrieb besorgt ein Außenborder, der entweder als Verbrennungs- oder Elektromotor daherkommt.

Nach einer gründlichen Einführung könnt Ihr dann wie Tom Sawyer und Huckleberry Finn, fernab von Zeit und Raum, von Deck aus Flora und Fauna betrachten, sonnen, angeln oder ins Wasser springen. Oder einfach entspannt ein Buch lesen, am Abend grillen und am Wasserwanderrastplatz am wildromantischen Ufer der Peene vor Anker liegend die Nacht verbringen – Floßurlaub ist so vielseitig und garantiert entschleunigend.

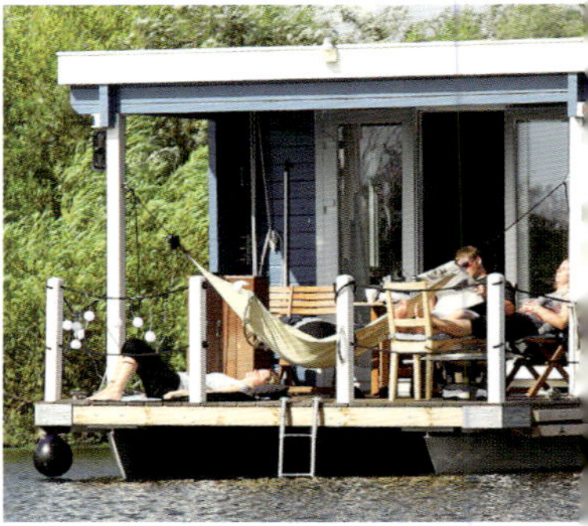

Manch einer hat sogar ein Kanu oder SUP dabei, um vielleicht zwischendurch oder abends lautlos übers Wasser zu gleiten.

Floß- & Hausbootvermieter in der Region

Aalbude	**Hausfloßvermietung Aalbude** www.ausflugsrestaurant-aalbude.de
Demmin	**Driftholt Floß- und Kanuverleih** www.flossverleih.de **Tom Sawyer Tours** www.tomsawyer-tours.de
Loitz	**Biberfloß** www.biberfloss.de
Anklam	**Abenteuer Flusslandschaft** www.abenteuer-flusslandschaft.de **WWR Anklam** www.wasserwanderrastplatz-anklam.de

Weitere Anbieter: www.bootsurlaub.de www.bootsreisen24.de

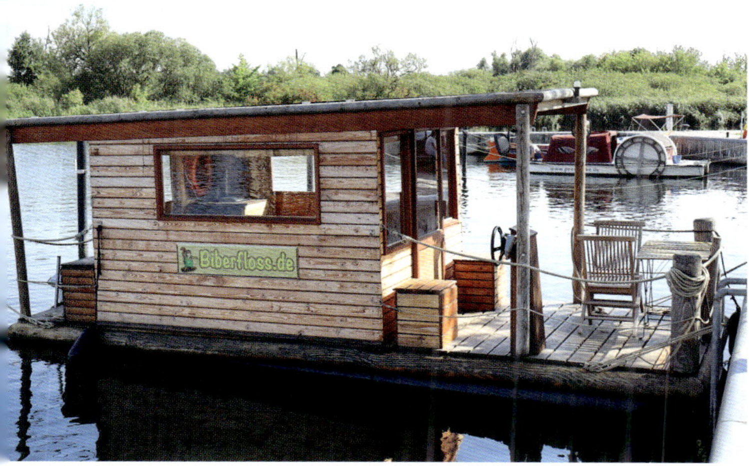

Folgendes sollte man neben den allgemeinen Verkehrsvorschriften und Fahrregeln auf Binnengewässern beachten:

- Um ein Boot zu chartern, muss man mindestens 18 Jahre, um es zu fahren, mindestens 16 Jahre alt sein.
- Langsames Fahren reduziert den Geräuschpegel.
- Im seichten Uferbereich den Motor hochklappen, damit die Motorschraube nicht beschädigt wird.
- Das Festmachen oder Ankern ist im Bereich von Hafen- oder Schleuseneinfahrten, in abgetonnten Fahrrinnen, im Kanal (außer an ausgewiesenen Liegeplätzen) nicht erlaubt.
- Übernachtet werden kann in Marinas, Stadthäfen, an vielen Campingplätzen, an Wasserwanderrastplätzen, in Ufernähe.
- Beim Ankern in Ufernähe bitte ausreichend Abstand zu Schilf und Ufergehölz halten.
- Zum Nächtigen nicht an Uferbäumen festmachen, sondern den Anker setzen.
- Bei Sturm oder Gewitter sollte ein geschützter Ankerplatz (Marina) aufgesucht werden.
- Keine nicht zu 100% abbaubaren Seifen / Spülmittel ins Wasser gelangen lassen.
- Das Tragen von Rettungswesten an Bord ist sinnvoll und meist vom Vermieter vorgeschrieben.

Verhalten beim Kanuwandern auf der Peene

Wasserwandern auf der Peene ist im Allgemeinen ungefährlich. *Beachte jedoch Kummerower See & Peenestrom (s. Seite 21+22).* Mit ein paar einfachen **Verhaltens-Regeln** sind Sie noch sicherer im Kanu unterwegs:

- **Allein** sollte nur **paddeln**, wer sein Kanu gut beherrscht.
- Das Tragen einer **Schwimmweste** sollte selbstverständlich sein.
- Kinder müssen immer eine **ohnmachtssichere Rettungsweste** tragen.
- Um vor unliebsamen Überraschungen sicher zu sein, sind vor der Fahrt **detaillierte Informationen über den Streckenverlauf** unerlässlich.

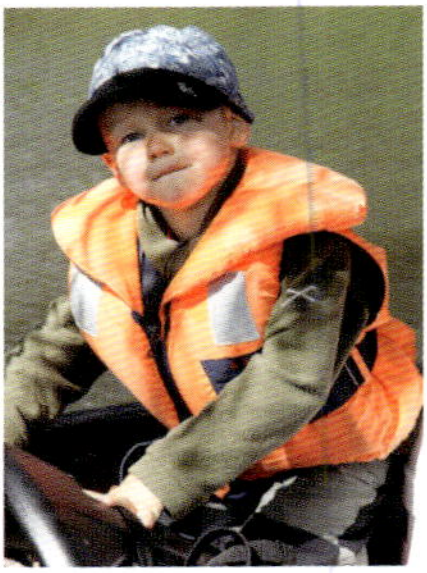

- Das **Gepäck** gehört nach Möglichkeit in den Bootsinnenraum. Alles was an Deck mitgenommen wird sollte **gut festgezurrt** werden, um es bei Kenterung gegen Verlust zu sichern.
- Die **Berufsschifffahrt hat immer Vorfahrt!** Die wichtigsten **Binnenschifffahrtszeichen** finden Sie im Buchumschlag.
- Nicht **alkoholisiert** ins Kanu steigen.
- Keinesfalls vergessen sollte man einen **Mückenschutz** auf dieser Tour.
- Ein **aufgefrischter Erste-Hilfe-Kurs** sollte selbstverständlich sein, um nicht nur anderen, sondern auch sich selbst helfen zu können.

Verhalten auf dem Wasser

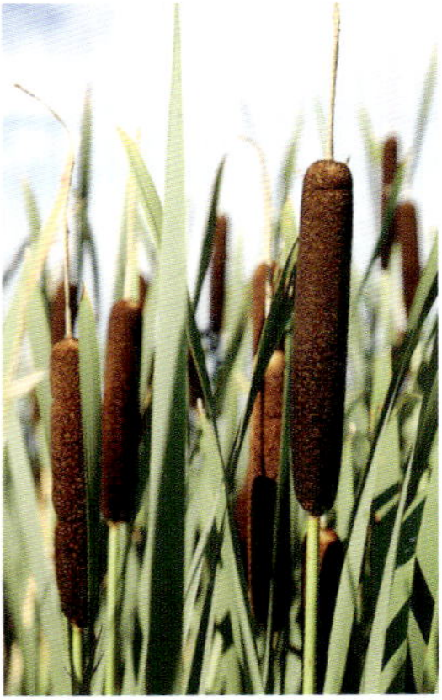

Mit folgenden **Verhaltens- & Umwelt-Tipps** macht das Paddeln allen Beteiligten mehr Freude und die herrliche Natur entlang der Peene bleibt auch nachfolgenden Paddlergenerationen erhalten:

- Starten und beenden Sie Ihre Tour nur an **ausgewiesenen Ein- & Ausstiegsstellen.** Wollen Sie Ihr eigenes Kanu auf dem Gelände eines Bootsvermieters oder Campingplatzes zu Wasser lassen, so gehört es zum guten Ton, vorher um Erlaubnis zu fragen.
- Nutzen Sie zum **Anlegen & Rasten** nur dafür vorgesehene Plätze wie z. B. Wasserwanderrastplätze, Anleger der Gasthäuser

oder befestigte Ausstiege, die nicht im Privatbesitz sind, um unnötige Beschädigungen der Ufer zu vermeiden. Bitte Kanu zur Seite schieben und Ausstiegsstellen freihalten.

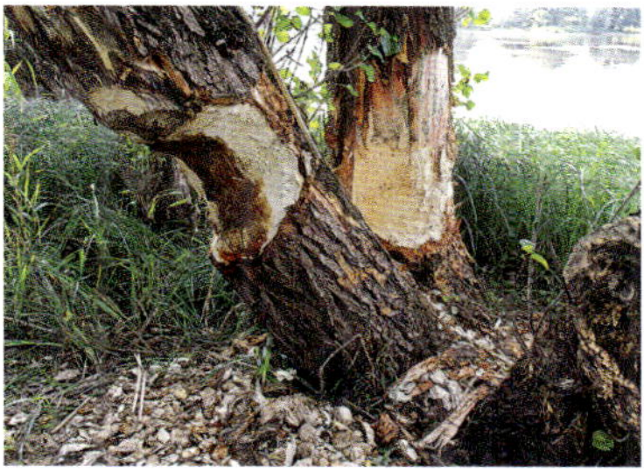

- **Peene-Altarme & Torfstiche dürfen aus Naturschutzgründen nicht befahren** werden.
- **Meiden Sie Schilfgürtel** – es sind wichtige Lebensräume für Wasservögel.
- **Beobachten Sie Tiere nur aus der Ferne.** Für Naturbeobachtungen empfiehlt sich daher die Mitnahme eines Fernglases. Vermeiden Sie laute Gespräche.
- **Bitte unterlassen Sie eigenmächtige, ungeführte Dämmerungsfahrten,** damit **nachtaktive Tiere** wie Biber, Fischotter und Eulen **nicht gestört werden.** Setzen Sie sich am Abend einfach still ans Flussufer – fast jeder Wasserwanderrastplatz hat seinen „eigenen Hausbiber".
- **Wildzelten ist nicht zu verantworten** – zu groß ist die damit verbundene Belastung für die Natur. Entlang der Peene finden sich im Abstand von ca. 20 Kilometern meist „komfortable" Wasserwanderrastplätze und einige wenige Gasthöfe, Hotels oder Bootshäuser.
- Entfachen Sie **nur** an den **dafür freigegebenen Feuerstellen** ein **Lagerfeuer** und beachten Sie die aktuellen **Brandwarnstufen**.

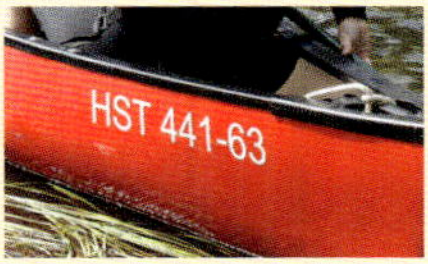

Kennzeichnungspflicht des Bootes

Die Peene ist **Bundeswasserstraße.** Damit gelten die **Vorschriften der Binnenschifffahrtsordnung.** Kanus sind zwar auf Binnenschifffahrtsstraßen von der Führung eines amtlichen Kennzeichens befreit, müssen aber dennoch gekennzeichnet sein, um Ärger und eine Geldbuße zu vermeiden.

1. **Bootsname** (ein Fantasiename reicht) **auf beiden Außenseiten** des Bootes in gut lesbaren mindestens 10 cm hohen, lateinischen Schriftzeichen. Alternativ **Name der Organisation / Verein,** der es angehört, oder deren **gebräuchliche Abkürzung** mit einer **Nummer** dahinter. Die Schriftzeichen müssen in heller Farbe auf dunklem Grund oder in dunkler Farbe auf hellem Grund angebracht sein.
2. **Name und Anschrift des Eigentümers** an gut sichtbarer Stelle innen oder außen am Boot.

Blick auf die Region Peenetal und Peenestrom

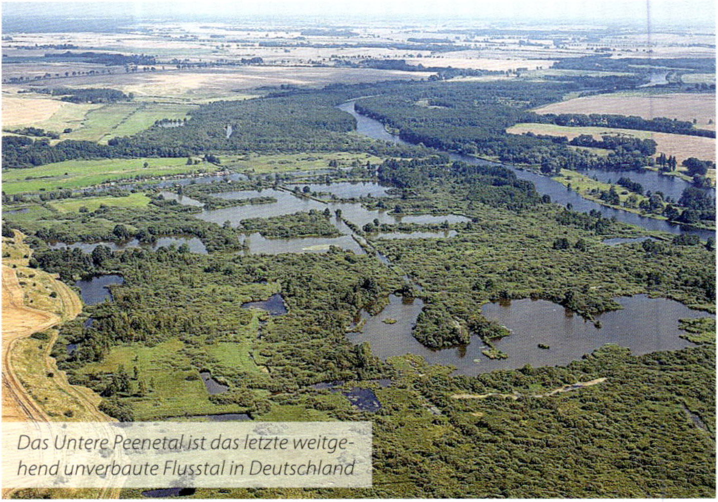

Das Untere Peenetal ist das letzte weitgehend unverbaute Flusstal in Deutschland

Die Landschaft des ***Naturparks „Mecklenburgische Schweiz“,*** die sich zwischen Güstrow, Demmin und Stavenhagen erstreckt, ist Entstehungsort der Peene. Fast als kleines „Mittelgebirge“ zu bezeichnen, ist sie eine typische Kulturlandschaft mit herrlicher Natur, vielen Schlössern, Gutshäusern und Parkanlagen. Ihre ***Hügelketten,*** während der Eiszeiten geformte sogenannte Stauchmoränen, sind teils mehr als 100 Meter hoch.

Dazwischen eingebettet, in einem 30 Kilometer langen, durch Schmelzwasser entstandenen Tunneltal, liegen der **Malchiner und Kummerower See.** Aussichtstürme bei Verchen und Neukalen am Kummerower See, sowie bei Wendischhagen und Dahmen am Malchiner See, eröffnen einen weiten Blick über die Seen, die überregional bedeutende Rastgebiete Tausender Wasservögel sind.

Bei Verchen entwässert der Kummerower See über die **Peene** und fließt, bis zum Mündungsdelta hinter Anklam, durch das ***Peenetal.*** Die bis zu acht Meter dicken Torfschichten der Niedermoore, die im Zuge des Schmelzwasserablaufs der sich zurückziehenden Gletscher entstanden sind, bilden heute mit einer Gesamtfläche von 45.000 Hektar das größte zusammenhängende ***Niedermoorgebiet*** Europas. Heute finden sich im Bereich dieses Urstromtals mehrere Schutzgebiete, nicht zuletzt der 2011 gegründete ***„Naturpark Flusslandschaft Peenetal“,*** der im Westen in den ***„Naturpark***

Mecklenburgische Schweiz und Kummerower See" und im Osten in den ***„Naturpark Insel Usedom"*** übergeht.

Da die Peene zu den wenigen unverbauten und schwach besiedelten Flüssen zählt, fanden hier eine Reihe **bedrohter Tier- und Pflanzenarten** ein Rückzugsgebiet.

Neben heimischen ***Amphibien*** wie Unken, Kröten und Fröschen, ***Reptilien*** wie Kreuzottern, Ringelnattern und Waldeidechsen, sind besonders der inzwischen wieder häufig zu sehende ***Biber*** und der ***Fischotter***, aber auch ***See-, Schrei-*** und ***Fischadler,*** zu nennen. Von insgesamt 156 im Peenetal vorkommenden ***Vogelarten*** stehen rund 40 Prozent auf der Roten Liste gefährdeter Arten.

Darüber hinaus ist die Peene das fischartenreichste Gewässer Mecklenburg-Vorpommerns. Zu den Besonderheiten des Gebietes gehört das große ***Orchideenvorkommen*** und der Bestand an ***Insekten*** (802 Arten) und ***Spinnen*** (216 Arten).

Hinter Anklam mündet die Peene in den **Peenestrom,** der einen Teil des Mündungsarms der Oder und zugleich einen ***Meeresarm der Ostsee*** darstellt. Er trennt das Festland von der Insel Usedom und weist einige teils meerartige Ausbuchtungen auf, die weit in die ***Insel Usedom*** hineinragen. Gegenüber des Achterwassers liegt auf dem Festland der viel zu wenig beachtete ***„Lassaner Winkel"***, eine reizvolle, leicht hügelige Kulturlandschaft mit verträumten Dörfern und kleinen Seen. Hier leben Menschen, die sich dem sanften Tourismus verpflichtet fühlen. Zahlreiche Initiativen, Künstler

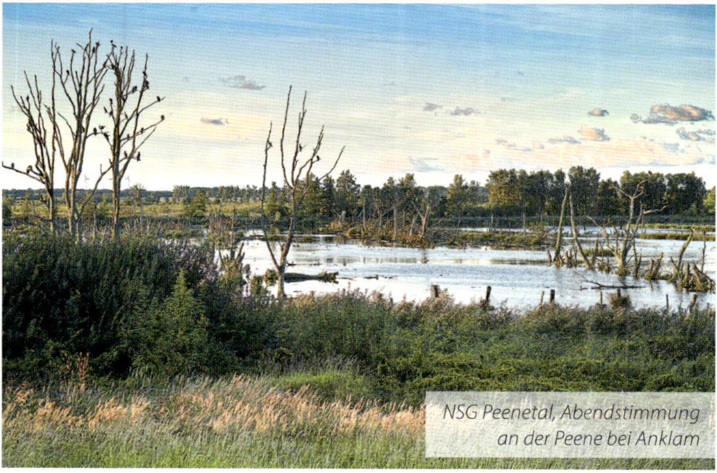

NSG Peenetal, Abendstimmung an der Peene bei Anklam

und Handwerker bieten ein vielfältiges Programm und neben der ursprünglichen Natur warten auch kulinarische Entdeckungen auf die Besucher. **Tipp:** Pfingsten *„Kunst offen"* in M-V.

Als sonnenreichste Region Deutschlands ist **Usedom** selbst schon seit langem ein Begriff für Sonne, Strand und Meer. Die Insel ist ein wahres Mosaik aus weißen Sandstränden, ausgedehnten Dünenlandschaften, mächtigen Steilufern, Wäldern, Mooren und Seen.

Menschen lebten im Peeneraum wohl schon seit 5.000 v. Chr., bevor die germanische Bevölkerung während der Völkerwanderung die Region verließ. Von Osten her ***siedelten*** nun ***Slawen*** rund um das Peenetal. Sie rodeten große Teile der umliegenden Wälder und stauten Bachtäler auf. Besonders beeindruckend ist der ***wikingerzeitliche und slawische Handelsplatz Menzlin,*** einer der größten des 9. und 10. Jahrhunderts mit seinen bootsförmigen ***Steinsetzungen,*** direkt an der Peene gelegen.

Ab dem 12. Jahrhundert begann die verstärkte ***Besiedlung durch deutsche Zuwanderer.*** In der Folge wurden weite Teile der bis dahin durch ***Fischfang*** und ***Viehwirtschaft*** nur passiv genutzten Talmoorlandschaft ***landwirtschaftlich*** bearbeitet. Große wirtschaftliche Bedeutung gewann dann nach 1800 die ***Brenntorfgewinnung,*** was eine starke Entwässerung der Niederungen nach sich zog. Erst mit Beginn der Kohlefeuerung verlor die Torfgewinnung an Bedeutung.

Heute wird im renaturierten Gebiet des „Amazonas des Nordens" ***nachhaltiger Tourismus*** mit vielen Erlebnis- und Abenteuerangeboten betrieben – ein Eldorado für Naturbegeisterte.

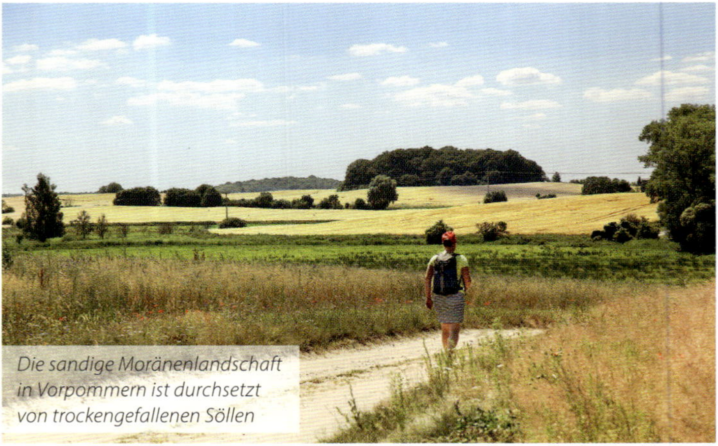

Die sandige Moränenlandschaft in Vorpommern ist durchsetzt von trockengefallenen Söllen

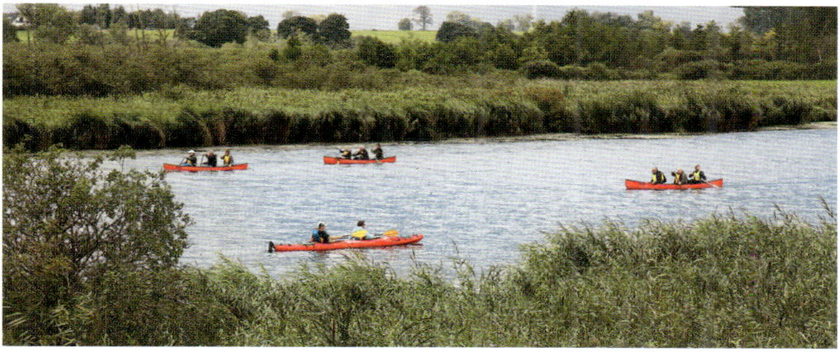

Peene: Die gemächliche Tour auf den knapp 100 Kilometern ist die ideale Familientour und bis auf den Kummerower oder Malchiner See gut mit dem offenen Canadier machbar.

Selbst im Hochsommer begegnen einem auf der gesamten Strecke verhältnismäßig wenige Motorboote, aber auch Paddler sind, verglichen mit den traditionellen Paddelrevieren Mecklenburg-Vorpommerns, nicht übermässig oft anzutreffen. Bei anhaltendem ***Ostwind*** oder ***Ostseehochwasser*** müssen Paddler mit einem Phänomen rechnen: dann fließt der „Amazonas des Nordens" bergauf!

Kummerower See: Nur bei optimalen ***Wetterbedingungen*** ist eine Befahrung des größten Sees Vorpommerns mit einem mit Spritzdecke versehenen Canadier *(siehe „Kanu & Ausrüstung")* und immer in Ufernähe zu verantworten. Die Befahrungsseite des Sees sollte je nach Windrichtung gewählt werden.

Möchte man den See nicht queren, nutzt man den ***Kanu-Shuttle*** von der ***Kanustation Loitz*** (nach Absprache, Tel. 0177-271 16 88) oder setzt erst in Verchen ein. ***Abenteuer Peenetal*** bietet auch einen Shuttle an, aber nur für eigene Boote, Tel. (039994) 74 99 37, 0174-165 29 15).

Der **Peenestrom**, ein Meeresarm der Ostsee, verbindet diese mit dem Kleinen Haff und trennt die Insel Usedom vom Festland. Wer hier paddelt, sollte ***Erfahrung mit großen, offenen Gewässern*** haben und das ***Wetter*** genau im Auge behalten. Zeitweise herrschen recht ***starke Strömungen,*** da bei kräftigen nördlichen Winden Wassermassen aus der Ostsee ins Haff gedrückt werden. Zusammen mit dem flachen Boddenwasser sorgt dies für kabbelige, oft von mehreren Seiten anrollende ***Wellen.*** Geeignet sind daher ***Seekajaks*** oder andere oben ***geschlossene Kajaks.***

Nur in Ausnahmefällen, d. h. bei idealen Wetterbedingungen, ist ein Canadier (und nur mit geschlossener Spritzdecke / Persenning!) akzeptabel.

Eine Besonderheit am Peenestrom sind die ***seltenen Anlandemöglichkeiten*** auf der gesamtem Strecke. Eine Anlegemöglichkeit auf der ***Festlandseite*** gibt es, wegen der verschilften Ufer, erst nach 18 Kilometern an einem kleinen Privathafen mit schlechter Ausstiegsmöglichkeit!

Fährt man von Anklam kommend auf den Peenestrom hinaus, gibt es Richtung Norden auf ***Usedomer Seite*** bei **Zecherin** zwei ***Übernachtungsmöglichkeiten***. Am ***Festland*** gibt es jedoch erst nach rund 28 Kilometern in **Lassan** eine ***Übernachtungsmöglichkeit.***

Jenen, die spät am Tag in Anklam starten, sei daher ein Schlenker Richtung Süden zum sehr sympathischen ***Wasserwanderrastplatz Kamp*** empfohlen. Von Anklam aus sind dies rund 14 Kilometer.

Die vorgeschlagenen **Tagesetappen** und **Zeitangaben** verstehen sich ohne Ausflüge, Stadtrundgänge und Besichtigungen. Achten Sie insbesondere beim Paddeln mit Kindern auf ausreichend Ruhe- & Pausentage.

Öffnungszeiten haben wir so dargestellt: (Di-So 10-17), was heißen soll, dass Dienstag bis Sonntag von 10.00 Uhr bis 17.00 Uhr geöffnet ist. Nur in kleineren Orten haben wir auf **Einkaufsmöglichkeiten** hingewiesen.

Übernachtungsmöglichkeiten haben wir als „günstig" bezeichnet, wenn die Preise für ein Doppelzimmer bei bis zu 60 Euro liegen, die Kategorie „hochpreisig" beginnt bei 120 Euro.

Ein **Spiral- oder Bügelschloss** im Gepäck ist nicht verkehrt, wenn man sein Kanu mal längere Zeit unbeaufsichtigt liegen lassen will.

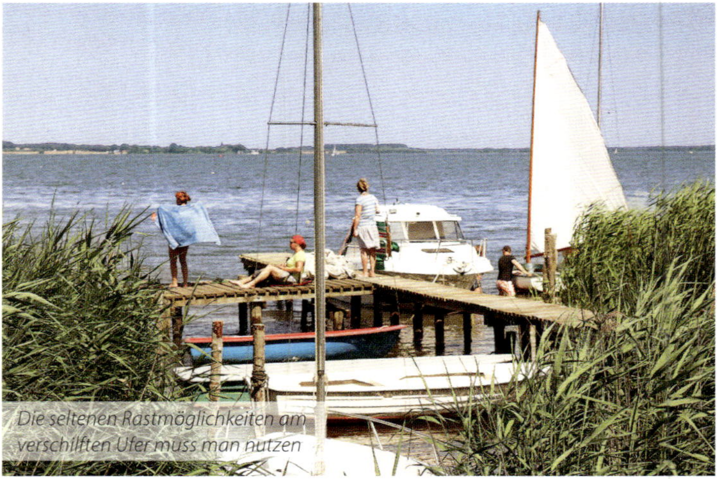

Die seltenen Rastmöglichkeiten am verschilften Ufer muss man nutzen

Übernachtung & Gelbe Welle

Die im Buch genannten **Übernachtungsplätze** liegen immer am Wasser oder zumindest in Wassernähe. Auf der gesamten Strecke gibt es ausreichend ***Wasserwanderrastplätze (WWR)*** – allesamt kostenpflichtig. An manchen Plätzen ist auch eine Übernachtung im Bootshaus, Pension, Gasthof, Hotel oder Ferienwohnung möglich.

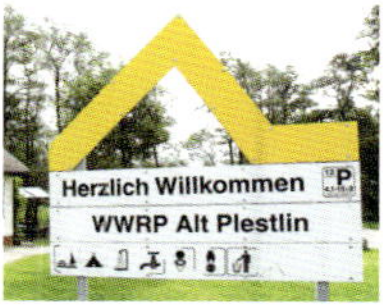

Gelbe Welle: Das oft an ***Marinas, Sportboothäfen*** oder ***Wasserwanderrastplätzen*** anzutreffende Symbol wird im Rahmen des ***Maritimes Qualitätsmanagement MQM*** als Gütesiegel und Informationsinstrument eingesetzt und dient zum besseren Erkennen der Anlandemöglichkeiten. Das Symbol steht für ***Qualität, Sicherheit*** und ***Umweltschutz*** und soll Wassersportlern signalisieren, dass sie willkommen sind. Piktogramme informieren, welche Angebote am Standort bestehen *(z.B. WC, Dusche, Zelten, Essen ...)*.

Kilometrierung

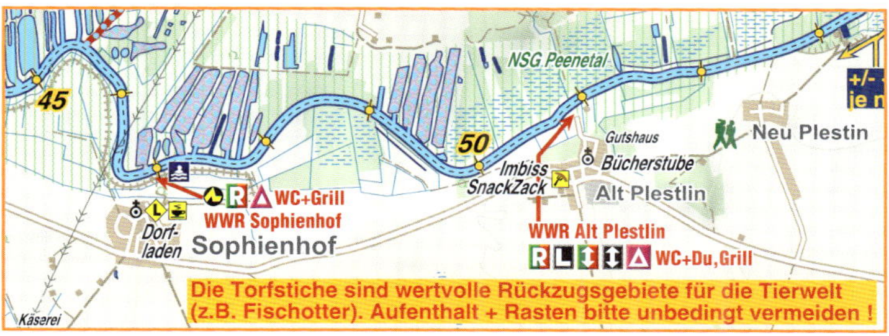

Um Ihnen die Nutzung der Wasserwanderkarten und Beschreibung der Tour in diesem Buch zu erleichtern, finden Sie sowohl auf den Karten als auch im Textteil in der Randspalte **Kilometerangaben.**

In **Malchin** startet die Tour bei ***km 0***. Die Zahl ist ***schwarz***, da es sich um die ***amtliche Kilometrierung einer Bundeswasserstraße*** handelt. Auf der Bundeswasserstraße stehen Kilometerschilder am Flussufer: schwarze Zahl auf weißem Grund die vollen Kilometer, schwarze Kreuze auf weißem Grund die halben Kilometer.

Da ***Malchiner See*** und ***Peenestrom*** ***keine Bundeswasserstraßen*** sind, sind die Kilometerzahlen in diesem Buch ***blau*** dargestellt.

Sie können Entfernungen leicht in den Karten abmessen: Die Strecke von einem gelben Punkt zum nächsten entspricht 1 km. Alle 5 km sind die Kilometerzahlen auf der Karte im Buch ausgeschrieben.

Infos zur Kanutour Peene – Von Malchin nach Anklam

Aktivitäten	Natur	Kultur	Baden	Hindernisse
★★☆☆	★★★☆	★★☆☆	★★☆☆	☆☆☆☆

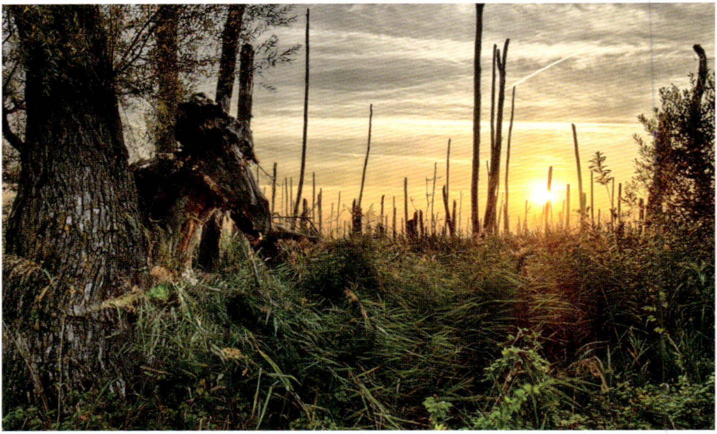

Charakter der Peene

Die Peene, auch „Amazonas des Nordens" genannt, ist einer der letzten unverbauten und fischartenreichsten Flüsse Deutschlands und fließt vom *Kummerower See* kommend, mit kaum merklicher Strömung durch das größte geschlossene *Niedermoorgebiet* Mittel- und Westeuropas. Nebenflüsse, Bäche, alte Torfstiche, weite Schilfflächen und Auenwälder mit einer *vielfältigen Flora und Fauna* hinterlassen den Eindruck einer anderen Welt direkt vor unserer Haustür. Viele der hier vorkommenden Pflanzen- und Tierarten sind in ihrem Bestand gefährdet. Beinahe 40 Prozent der im Peenetal vorkommenden Vogelarten stehen auf der Roten Liste vom Aussterben bedrohter Arten. Neben Biber und Fischotter, die häufig anzutreffen sind, beeindruckt die große Zahl von Libellen und Tagfaltern.

Sehenswürdigkeiten *(in der Reihenfolge des Routenverlaufs)*

Malchin: *Backsteinbasilika St. Maria & St. Johannis* (14./15. Jh.); ***Rathaussaal*** mit Zunftzeichen; ***Stadtbefestigung mit Steintor & Kalensche Tor*** (beide 15. Jh.); ***Fangelturm*** (15. Jh.); ***Wasserturm; Heimatmuseum*** in der sanierten Stadtmühle; ***Mecklenb. Motorradtreffen*** (Mai), ***Altstadtfest*** (Juni).

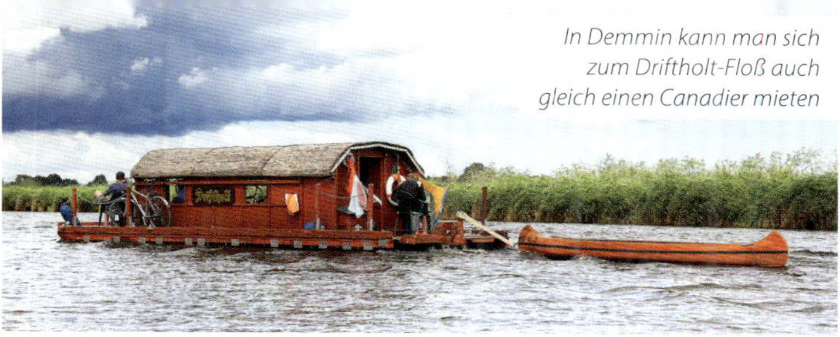
In Demmin kann man sich zum Driftholt-Floß auch gleich einen Canadier mieten

Bristow: ***Renaissancekirche*** (1601); ***Gutshofensemble*** im Tudorstil mit ***Marstall, Feldsteinscheune*** und dreigeschossigem ***Taubenhaus*** *(Aschenputtelmuseum mit der Kulturgeschichte der Taubenhaltung)*.

Bülow: ***Dorfkirche*** (13. Jh.) mit Gruft der Familie von Moltke sowie Decken- und Wandfresken.

Dahmen: Frühgotische, turmlose ***Dorfkirche*** (um 1300) mit ***Altar aus sechs Tafelbildern*** mit Passionsszenen.

Neukalen: ***Backsteinkirche*** St. Johannis (1318); ***Rathaus*** (1799).

Kummerow: ***Barockschloss*** (1733) mit ***Museum*** *(bedeutende internationale Fotografische Sammlung, www.schloss-kummerow.de)* und ***Landschaftspark; Dorfkirche*** (13. Jh.) mit Fachwerkdachturm (18 Jh.).

Sommersdorf: ***Feldsteinkirche*** (17. Jh.).

Meesiger: ***Wehrkirche*** mit ***bauernbarockem Altar*** (1700).

Verchen: ***Klosterkirche St. Marien*** (1269).

Dargun: ***Schloss- und Klosterruine*** (13./15. Jh.) mit ***Museum.***

Demmin: ***St. Bartholomaei-Kirche*** (14. Jh.) mit berühmter „Buchenholz-Grünberg-Orgel"; ***Rosenkranzkönigin-Kirche; hist. Rathaus; Luisentor*** mit ***Pulverturm; Wasserturm*** mit ***Sternwarte; Gesellius-Haus; historisches Speicherensemble*** am Peenehafen; ***Freiluftmuseum „Hanseviertel"*** *(Mo-So, 10-16)*; ***Kreisheimatmuseum; Burgruine „Haus Demmin".***

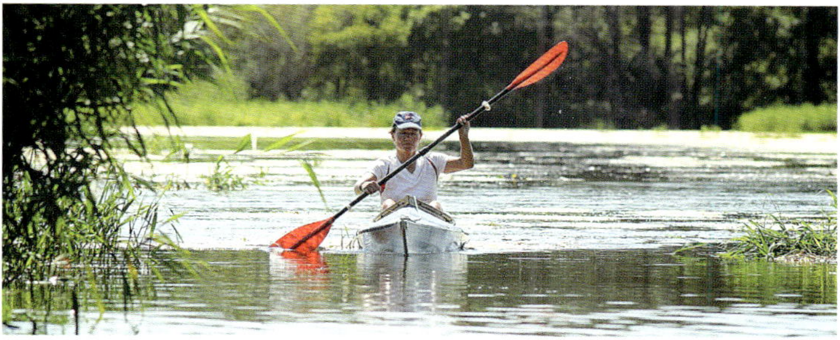

Loitz *(gesprochen Lötz)*: ***Marienkirche*** (13. Jh.) mit Taufstein; ***Heiliggeistkapelle*** (13. Jh.); ***historische Stadtmauer.***

Alt Plestlin: *Feldsteinkirche* (14./15. Jh.).

Alt Jargenow: *Kapelle* (17. Jh.).

Gützkow: *Stadtkirche St. Nikolai* (1737); von Schinkel-Schüler 1859 im Stil eines engl. Landschaftsparks angelegter ***Schlosspark*** mit Grabkapelle.

Liepen: *Historisches Gutshaus* mit Hotel-Restaurant; ***Kirche.***

Quilow: *Wasserschloss* **(16. Jh.),** im 1575 erbauten Renaissance-Gebäude gibt es Kultur, Workshops, Ausstellungen und ein Café sowie nebenan das *Trabi-Museum* (wasserschloss-quilow.de); Neugot. *Dorfkirche* mit Grabplatte (16. Jh.).

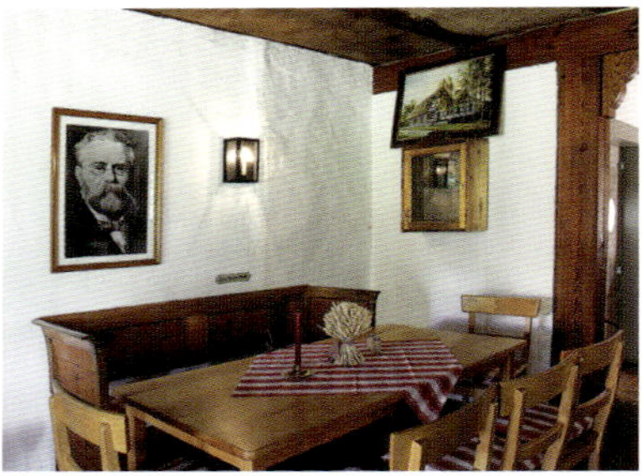

Fritz-Reuter-Bank im Stolper Fährkrug

Stolpe an der Peene: *Klosterruine* (1153); *Wartislaw-Gedächtniskirche; Schlosshotel; historische Gaststätte „Fährkrug".*

Klein Polzin: *Hünengräber.*

Menzlin: *Frühgeschichtlicher Siedlungsplatz, Wikingergräber* direkt an der Peene.

Anklam: Stadtrundgang S. 69.

Weitere Aktivitäten an der Route oder in der Region

Paddeln

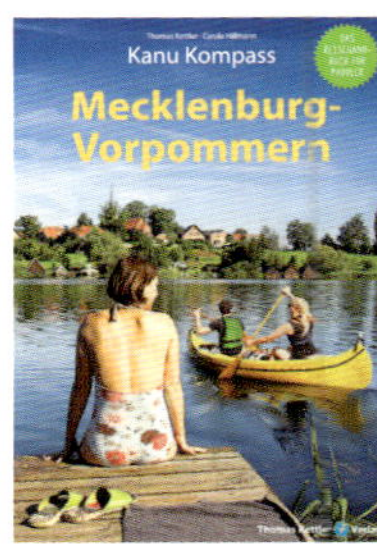

- Über den ***Dahmer Kanal zum Malchiner See*** (urwüchsige Natur, sehr ruhig), siehe Seite 34.
- Von **Demmin** über die ***Trebel*** nach **Tribsees** oder über die ***Tollense*** nach **Klempenow** und/oder weiter nach **Neubrandenburg.**

Siehe auch KANU KOMPASS „Mecklenburg-Vorpommern" oder „Dänische Südsee, Deutsche Ostsee" (beide Thomas Kettler Verlag).

Wandern

- Ins romantische ***Burgtal*** bei **Rothenmoor** am Süd-Ost-Ufer des Malchiner Sees *(siehe Seite 38).*
- Entlang des Nordwestufers des ***Kummerower Sees*** von **Salem** über **Neukalen** – ***NSG „Neukalener Moorwiesen"*** – **Aalbude** nach **Verchen.**

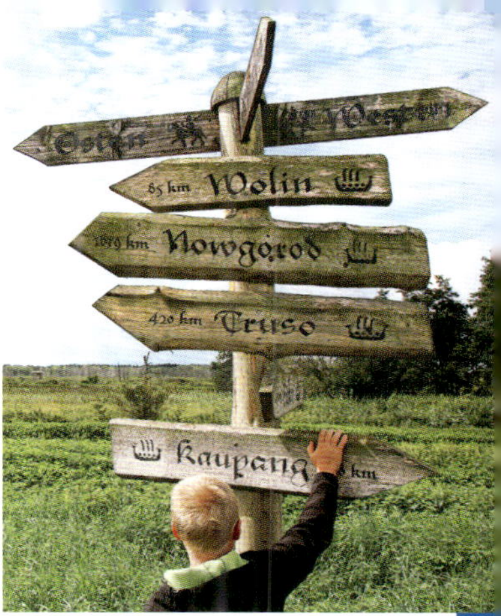

- **Verchen – *Kloster Dargun* – Verchen.**
- **Verchen – Demmin** *(15 km gut ausgeschilderter Wanderweg).*
- **Demmin: *Naturlehrpfad „Vorwerker Schweiz".***
- **Stolpe: Grüttow *(„Wartislawstein").***
- **Stolpe – Quilow** *(Wasserschloss, Ausstellung, Café, Übernachtung)* – **Stolpe.**
- Ins ***NSG „Anklamer Stadtbruch"*** *(Deutschlands größter Moorwald, Hunderte brütende Kormorane).*
- Die ***„Nordroute"*** des ***Weitwanderweges E9a – Naturparkweg,*** der quer durchs Land führt, verläuft durchs Peenetal und wird nach und nach mit Bohlenwegen ausgestattet (s. S. 64).

Radfahren

- ***Rundtour auf der Eiszeitroute*** um den Malchiner See *(ca. 33 km).*
- ***Schlössertour***: Von **Dahmen** (Malchiner See) zu ***Schloss Ulrichshusen*** und ***Schloss Basedow,*** dann entlang des Malchiner Sees zurück nach **Dahmen** *(ca. 25 km).*
- Um den ***Kummerower See*** *(ca. 48 km).*
- **Stolpe* – Neetzow** *(neogot. Schloss & Landschaftspark)* **– Stolpe.**
- **Stolpe* – Quilow** *(Wasserschloss)* **– Menzlin** *(Wikingergräber)* **– Stolpe.**
- **Anklam* – Lassan* – Wolgast* – Anklam.**
- **Anklam* – Insel Usedom* – Anklam.**
- Von **Anklam*** auf dem ***Stettiner Haff-Radrundweg.***

**(Fahrräder MV-Rad, StadtRad Anklam, Pedelec Power Usedom über MV-Rad.de, s.S. 73).*

Angeln

Angler benötigen einen gültigen ***Fischerei-/Touristen-Fischereischein*** sowie eine gültige ***Angelerlaubnis*** des Fischereirechte-Inhabers (Gewässerschein). ***Infos*** zu ***Angelgewässern & Uferangelstrecken*** erhalten Sie u.a. in den Info-Punkten des *„Naturparks Flusslandschaft Peenetal"* in **Verchen, Loitz, Gützkow** und **Stolpe.**

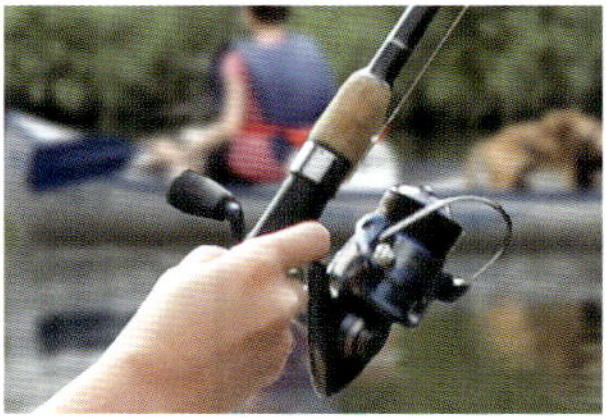

Die Peene gehört zu den fischartenreichsten Flüssen Mecklenburg-Vorpommerns. Angeln auf: Aal, Barsch, Brasse, Hecht, Karpfen, Plötze, Schleie, Welse, Zander. **Infos:** www.angeln-in-mv.de

Sonstiges

- ***Kulturfloß*** Im Juni / Juli schippert das Floß auf der Peene und bringt Kultur (meist Konzerte) ans Ufer des Flusses; **Info:** www.villa-eden-peene.com

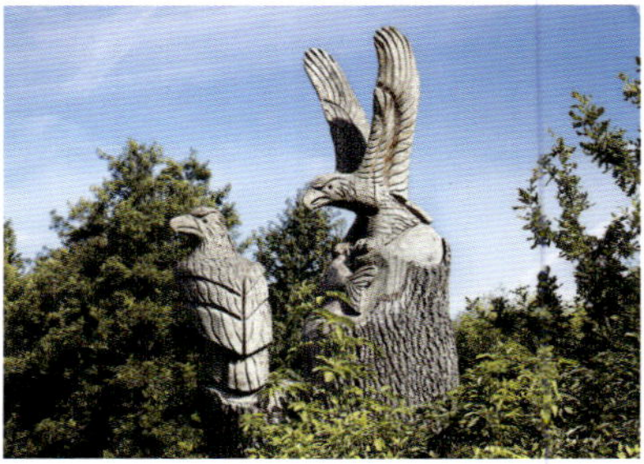

- Mit dem ***Fahrgastschiff*** von **Demmin** nach **Anklam** oder bis zum Kummerower See. **Infos:** Peeneschifffahrt, www.amazonaspeene.de
- ***Tages-Flusskreuzfahrt auf dem „Amazonas des Nordens"*** von **Karnin** auf Usedom nach **Malchin** oder umgekehrt (zurück mit dem Bus). **Infos:** www.amazonaspeene.de oder www.naturschifffahrt.de
- ***Draisinenfahrt*** von **Salem** nach **Dargun** www.naturpark-draisine.de

Badestellen

Malchiner See: bei **Bristow**, am Haussee in **Schorssow**, in **Dahmen** und **Seedorf** beim Campingplatz.

Kummerower See: in **Salem** am Hafen, Peene-Natur-Bad **Neukalen**, in **Kummerow**, in **Sommersdorf**, in **Gravelotte** und in **Verchen.**

Peene: WWR **Trittelwitz**, Naturerlebnisbad Biberburg in **Demmin**, WWR **Pensin**, **Zeitlow**, Freibad **Loitz**, WWR **Sophienhof**, Zarrenthiner Kiessee bei **Jarmen** *(Foto unten)*, Baggersee **Gützkow-Kagenow,** Badestrand am Kosenowsee in **Gützkow**.

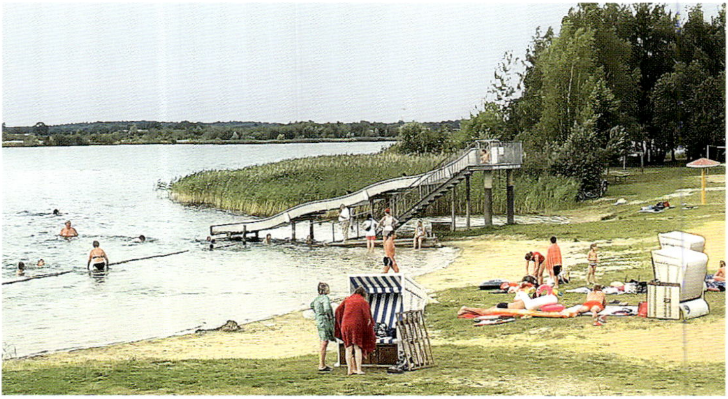

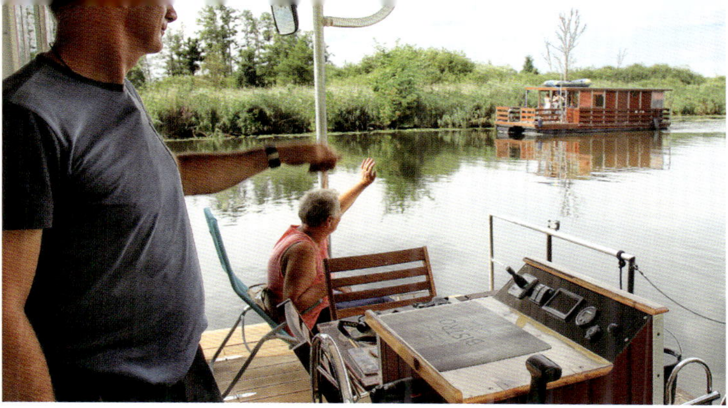

Lohnende Ausflüge

Westlich von Malchin: ***Schlosspark*** von ***Schloss Remplin*** *(Barockgarten, von Lenné 1851 umgestaltet)* mit ***Sternwarte von 1793*** *(ältester heute noch existierender Sternwartenbau Deutschlands mit mehr als fünfzig Instrumenten, Führungen in den Sommermonaten)* und ***Schlosskapelle*** *(Kunstkapelle mit Ausstellungen und Konzerten).*

Südlich & südwestlich von Malchin: ***Schloss Basedow*** mit Landschaftspark; ***Schloss Burg Schlitz*** bei **Hohen-Demzin** *(prächtiges Herrenhaus und Park mit wertvollem Baumbestand, heute Hotel)* ; ***Schloss Ulrichshusen*** mit Gutspark; ***Wasserburg Liepen*** mit ***Gutsmanufaktur „Alte Pomeranze"*** *(Hofladen).*

Nördlich & nordwestlich von Malchin: ***Schloss Mitsuko*** *(Museum für japanische Kultur und zeitgenössische Kunst)* mit ***„Japanischem Hain"*** in **Thürkow;** ***Kloster & Schlossanlage*** **Dargun** *(Schlosspark, Café, Ausstellungen, Klosterladen, „Uns lütt Museum", Open-Air-Konzerte).*

Östlich von Malchin: ***Reuterstadt*** **Stavenhagen** *(Fritz-Reuter-Literaturmuseum);* ***Ivenacker Eichen*** *– Park in* **Ivenack** *mit bis zu 1.000-jährigen Eichen und 10 km Wanderwege.*

Literatur- & Kartenhinweise

Erlebnis Peene: Zwischen Malchiner See und Greifswalder Bodden *(großformatiges Buch, Bildband und Reiseführer zugleich),* nordlicht verlag.

Vorpommerns schönste Ecken entdecken . . . ein Eingeborener lädt zum Wandern ein, *Ingo Gudusch,* Karl Lappe Verlag.

Naturschatz Peene: Ein Paddlertagebuch, *Jürgen Reich* | **„De Urgeschicht von Mecklenbörg",** *Fritz Reuter,* beide Hinstorff Verlag.

Lasse Larssons Usedom-Krimis, *George Tenner,* Schardt Verlag.

Usedom - Sagen und Geschichten, *Egon Richter,* Demmler Verlag.

„Vom Morgenrot zur Abenddämmerung", *Sieben Wochen mit dem Boot zu zweit auf der Peene und dem Kummerower See,* sommerboot1.de

„Leinen los!" *(skurriler, liebenswerter Heimatroman im Stile Herbert Achternbuschs über Mecklenburger „Helden" und eine „Kajak-Expedition" auf dem Amazonas des Nordens),* ***Franz Riegel,*** www.pixelart.power-riegel.de

Viele regionale Bücher (Krimis, Lieblingsplätze, Reiseführer) finden Sie bei den Verlagen Hinstorff, Gmeiner, Emons, FISCHER Scherz.

Rad- & Wanderkarten-Set Usedom, 1:30.000 | **Fahrradkarte Mecklenburgische Schweiz,** 1:75.000, beide Verlag Grünes Herz.

Klemmer-Pocket: Rad-, Wander- und Paddelkarte Kummerower See – Oberes Peenetal, 1:50.000 | **Reise- und Entdeckerkarte Mecklenburgische Schweiz und Peenetal:** Maßstab 1:100.000, beide Klemmer Verlag.

Tipps für Tagestouren auf der Peene

1. **Verchen/Aalbude – Demmin** (17 km, zurück mit dem Fahrgastschiff)
2. **Verchen/Aalbude – Trittelwitz – Verchen/Aalbude** (16 km)
3. **Stolpe – Gützkow** (13 km, zurück mit dem Fahrgastschiff oder Kanu)
4. **Anklam – Stolpe** (8 km, zurück mit dem Bus oder Kanu)

Etappenvorschlag Peene Malchin – Anklam (96 km)

1. Tag: Malchin – Kummerower See – Verchen (WWR)	18 km
2. Tag: Verchen – Demmin (Wasserwanderrastplatz)	17 km
3. Tag: Demmin – Alt Plestlin (Wasserwanderrastplatz)	21 km
4. Tag: Alt Plestlin – Gützkow (Wasserwanderrastplatz)	19 km
5. Tag: Gützkow – Stolpe (Wasserwanderrastplatz)	13 km
6. Tag: Stolpe – Anklam (Wasserwanderrastplatz)	8 km

Anreise ÖPNV

Einsetzstelle **Malchin:** Mit der Bahn direkt bis Malchin, dort wenige Schritte zur Einsetzstelle und zum Kanuvermieter.

Einsetzstelle **Verchen:** Mit der Bahn bis Demmin, weiter mit dem Bus nach Verchen *(Haltestelle Verchen Gemeinde),* 600 m zum Kanuvermieter.

Adressen

Alle Adressen zu Übernachtung, Kanuvermietern usw. an der Peene finden Sie im Adressteil in alphabetischer Ortsreihenfolge ab Seite 98.

Kanutour Peene – Von Malchin nach Anklam

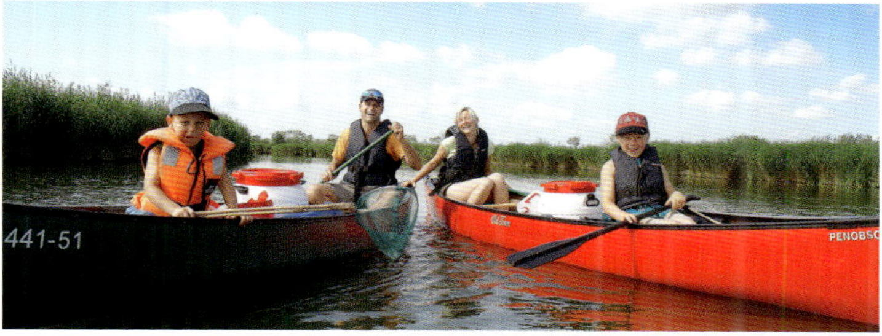

Anreise Pkw A 19 Berlin – Rostock, Ausfahrt 13, dann auf der B 104 über Teterow nach **Malchin.** Dort links ab in die *Straße „Am Kanal".*

Anreise ÖPNV siehe links, Seite 32.

Einsetzstelle Malchin *Wasserwanderrastplatz „Kösters Eck", Am Kanal 2.* Steg des *Kanu-Clubs* oder Steg am *Hafen.* Gute Parkmöglichkeiten.

Einsetzstelle Verchen Wer nicht über den Kummerower See paddeln möchte, setzt am Steg des *Wasserwanderrastplatzes Aalbude* in **Verchen** ein (gebührenpfl. Parkplatz).

Aussetzstelle Anklam Wasserwanderrastplatz **Anklam,** *Entensteig 1a.* Ein- & Aussetzen 1,50 €.

Zurück zum Pkw nach Malchin
Mit der ***Bahn*** von **Anklam** nach **Malchin,** umsteigen in Pasewalk (ca. 2 h).

Stilvoll in Etappen mit dem ***Fahrgastschiff*** von **Anklam** über **Demmin** zum **Kummerower See.**
Auf Anfrage: Tel. (03998) 28 28 74, www.amazonaspeene.de

Zurück nach Verchen Von **Anklam** nach **Demmin** mit der Bahn, dort weiter mit dem Bus (www.mvvg-bus.de).

Länge & Dauer
96 Kilometer + 34 Kilometer Abstecher zum Malchiner See, 6-8 Tage.

Bootswagen Hilfreich für Transporte zur Übernachtungsstelle oder vom und zum Pkw.

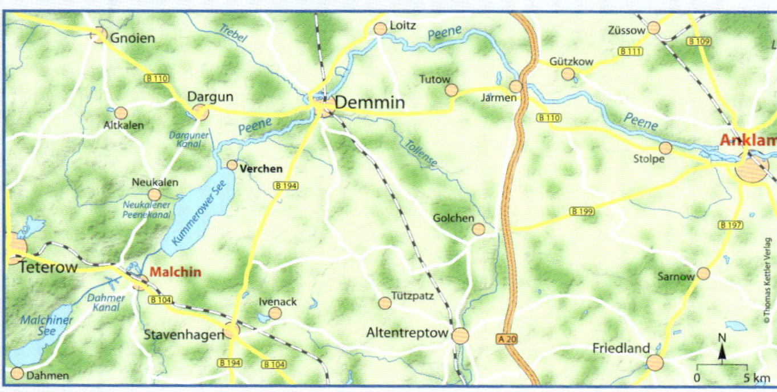

Abstecher Malchiner See (ca. 34 km)

km 0

WWR + Malchiner Kanu-Club
(03994) 23 94 68
01520-364 54 53

Wasserfreizeit Bremer
(03994) 22 36 65
0174-917 67 37

Peenecafé Koesters Eck
(03994) 299 36 36
Di-So 11-19
peenecafe.de

Einsetzen am Steg des Malchiner Kanu-Clubs in den ***Dahmer Kanal***. Richtung Südwesten, entgegen der unmerklichen Strömung, geht es hinter dem Stadtgebiet von **Malchin** durch eine moorige Wiesenlandschaft, vorbei an mit Erlen und Kätzchen-Weiden bewachsenen Ufern. Einige Brücken sind zu unterqueren.

Der zwischen Kummerower und Malchiner See großteils geradlinig verlaufende 7,5 km lange ***Dahmer Kanal*** *wurde 1871-1876 erbaut, um Zuckerrüben für die schon 1904 wieder aufgegebene Dahmer Zuckerfabrik heran-zuschaffen. Heute ist er nur noch Freizeitgewässser.*

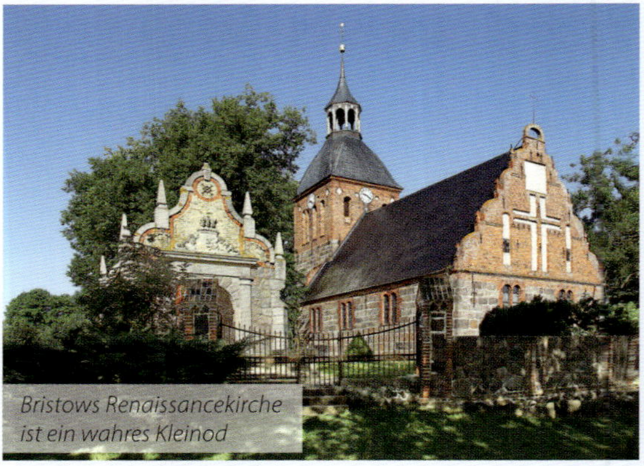

Bristows Renaissancekirche ist ein wahres Kleinod

km 7,5

Hinter der letzten Brücke ***(Rastmöglichkeit, Schwimmsteg)***, einen Kilometer vor der Einfahrt in den Malchiner See, ist die ehemalige Fischsperre *(keine Sperrzeiten mehr, einfache Durchfahrt)* zu durchfahren.

km 8,5
NSG

Auf Höhe des **Naturschutzgebietes Kalk-Zwischenmoor Wendischhagen** öffnet sich der ***Malchiner See***.

Der Moorkomplex des 59 Hektar großen Schutzgebietes, das aus Röhrichten und Seggenwiesen besteht, ist Lebensraum seltener Pflanzen und Brutgebiet von Rohrdommel, Tüpfelralle, Blaukehlchen und Bartmeise. Weiter nördlich geht er in einen Bruchwald über. Ein Betreten des Gebietes ist nicht möglich, bzw. nicht gestattet.

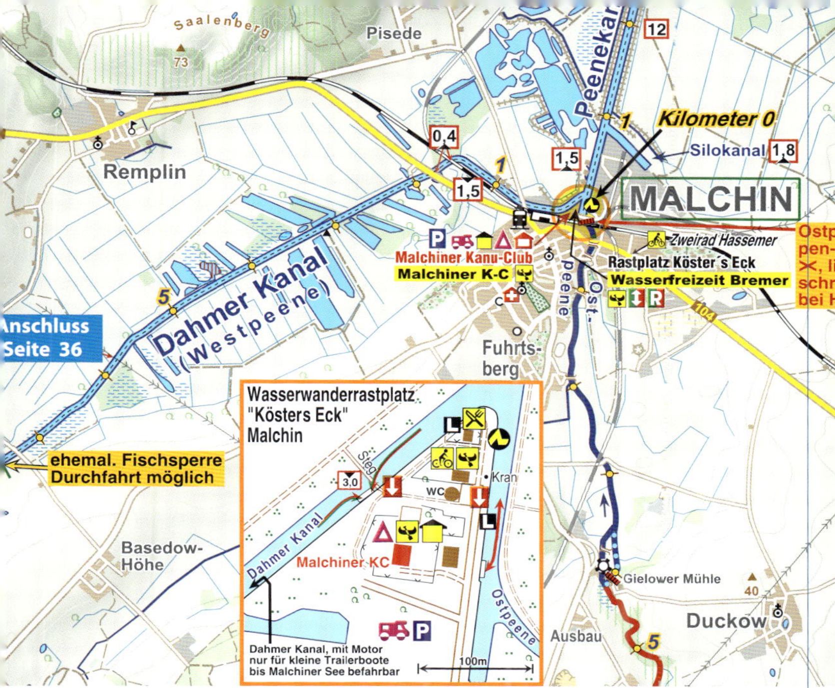

km 10,5 Vor **Bristow** lädt eine zwischen Schilfgürtel und weißem Bootshaus gelegene sandige Minibucht zum Anlegen ein. Sehr lohnend sind die wenigen Schritte hinauf zur ***Bristower Renaissancekirche*** *(Foto links)*, der ältesten und schönsten protestantischen Dorfkirche Mecklenburgs.

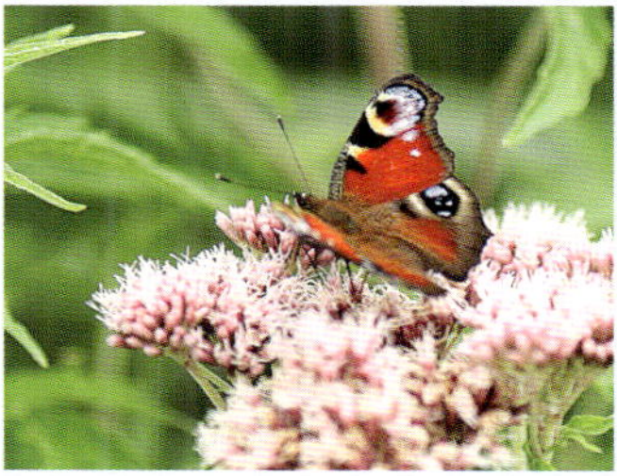

Die von Werner Hahn aus dem Hause Basedow 1601 gestiftete ***Kirche*** *verfügt über eine reiche Ausstattung. Prunkstück ist der aus Kiefern- & Lindenholz geschnitzte Altar mit der verbundenen Kanzel, die Orgelempore und das in vier Kalksteintafeln gehauene Testament Hahns.*

Das danebenliegende, von Graf Bassewitz-Levetzow 1855 errichtete ***Gutshofensemble*** *im Tudorstil mit Marstall, Feldsteinscheune und dreigeschossigem Taubenhaus (heute* ***Aschenputtelmuseum*** *mit Kulturgeschichte der Taubenhaltung), steht unter Denkmalschutz.*

Dorfkirche
Besichtigung nach Vereinbarung:
(039933) 703 45

Aschenputtelmuseum
Apr–Okt Di 14–16
Sa, So 10–16
& nach Vereinbar.
0173-638 66 57

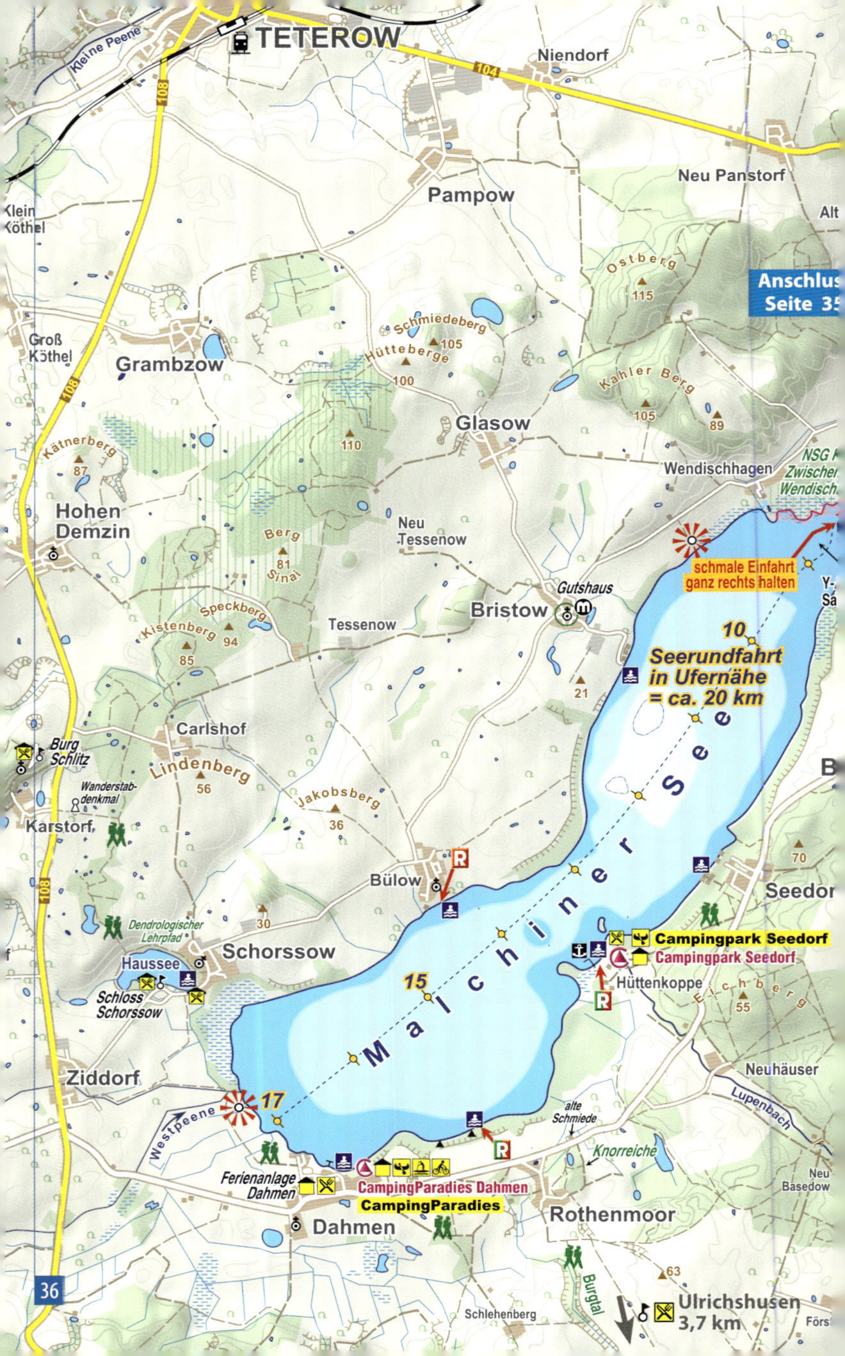
TETEROW
Kleine Peene
Niendorf
104
108
Neu Panstorf
Pampow
Klein Köthel
Ostberg
115
Schmiedeberg
105
Hütteberge
100
Groß Köthel
Grambzow
Kahler Berg
105
89
Glasow
110
Kätnerberg
87
Wendischhagen
Hohen Demzin
Neu Tessenow
Berg Sinai
81
schmale Einfahrt ganz rechts halten
Gutshaus
Bristow
Speckberg
Kistenberg
94
85
Tessenow
10
Seerundfahrt in Ufernähe = ca. 20 km
21
Burg Schlitz
Carlshof
Lindenberg
56
Wanderstab-denkmal
Jakobsberg
36
Karstorf
70
Bülow
Dendrologischer Lehrpfad
30
Malchiner See
Campingpark Seedorf
Campingpark Seedorf
Haussee
Schorssow
Hüttenkoppe
15
Schloss Schorssow
Eichberg
55
Neuhäuser
Ziddorf
17
Westpeene
alte Schmiede
Lupenbach
Knorreiche
Ferienanlage Dahmen
CampingParadies Dahmen
CampingParadies
Neu Basedow
Dahmen
Rothenmoor
63
Burgtal
Ulrichshusen 3,7 km
Schlehenberg

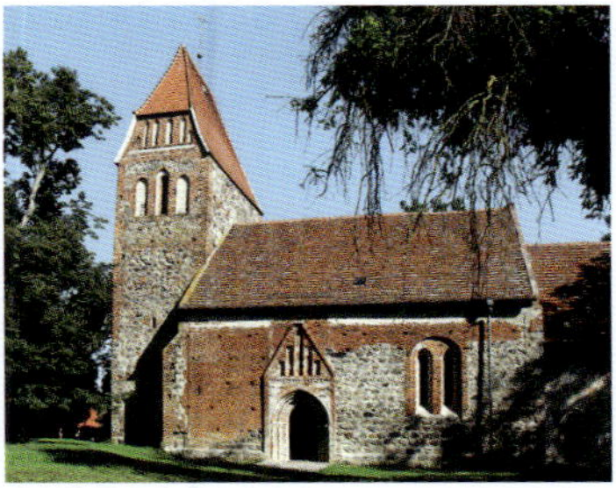

Durch die Eiszeit geformte „Berge“ der Mecklenburgischen Schweiz begleiten den Paddler auf seinem Weg nach **Bülow**.

km 14,3

*Auch hier ist die **Dorfkirche** von 1236 sehenswert. Der schlichte, aber überaus hübsche Feldsteinbau ist noch nicht vollständig saniert. Das Innere der Kirche wird als Übungs- und Konzertraum für jährlich stattfindende Jugend-Musik-Camps genutzt.*

Das hinter einem breiten Schilfgürtel liegende **Schorssow** ist nur von Bülow oder Dahmen aus zu erreichen. Dicht ans Ufer des Haussees geschmiegt liegt das *Schloss Schorssow*, das 1997 nach einer aufwendigen Originalrekonstruktion als Schlosshotel eröffnet wurde.

km 16

Schlosshotel
(039933) 790

Vom 14. bis zum 16. Jahrhundert war die Familie Maltzahn im Schloss ansässig, dann Herzog Hans von Schleswig-Holstein-Gottorp, der bis weit in den Ostseeraum hinein Güter erwarb, bis schließlich 1790-1803 Hofjägermeister von Moltke Schloss Schorssow zu einem klassizistischen Dreiflügelbau umgestaltete.

Sowohl das nach dem Slow-Food-Prinzip betriebene *Restaurant im Schloss,* als auch die ***„Mecklenburger Stube“*** im *Landhotel Schorssow* sind einen Besuch wert.

Landhotel Schorssow
(039933) 706 45

Um den baumbestandenen ***Haussee*** führt ein **dendrologischer Lehrpfad** *(2,4 km, Führungen, Tel. (039957) 299 70)*. Nördlich der ***Badestelle*** des Dorfes stößt man auf *die **Ruinen** der während der Einführung des evangelischen Glaubens um 1540 zerstörten, **spätromanischen Kirche,** die aus Feldsteinen errichtet wurde. Ursprünglich stammt die „Wüste Kirche“ aus der Mitte des 14. Jh.*

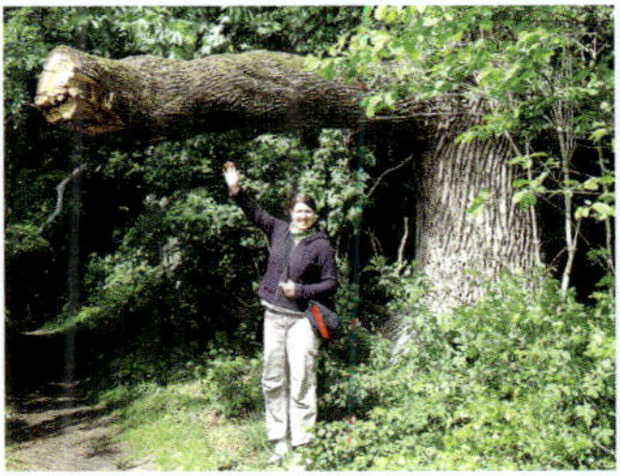

km 17

CampingParadies Dahmen
(039933) 73 37 53
& 0173-630 46 31

Ferienanlage Dahmen
Familien, Gruppen
(039933) 717 91

Gaststätte Pirna
Mi-Mo 12-21

Eine herrliche Übernachtungsmöglichkeit bietet das *CampingParadies Dahmen,* das hinter einem breiten Sandstrand liegt. Wer es etwas komfortabler mag, verbringt die Nacht in der nahen *Ferienanlage Dahmen,* die zugehörige *Gaststätte Pirna* wird vielfach gelobt.

Dahmen ist Ausgangspunkt schöner ***Wanderungen*** und ***Radtouren*** um den ***Malchiner See,*** in die ***Mecklenburgische Schweiz*** oder zu den ***Schlössern Ulrichshusen*** und ***Basedow.*** *Siehe unten.*

Wieder im Kanu verläuft der Rückweg entlang des östlichen Seeufers. Im Endmoränenbereich des ***Eichbergs*** und der ***Basedower Höhe*** steigen die Hügel auf bis zu 90 Meter ü. NN.

Wanderungen von Dahmen aus

Etwa 1,5 km entlang des Ufers in Richtung Schorssow kommt man zu einem hölzernen ***Beobachtungsturm*** nahe der Mündung der ***Westpeene*** in den ***Malchiner See.*** Von dort führt eine rund eineinhalbstündige ***Wanderung*** zur ***Burg Schlitz*** *(Gourmetrestaurant).*

Eine weitere lohnende ***Wanderung*** führt von **Rothenmoor** *(sehenswerte Knorreiche östlich des Ortes, GPS: 53.662044, 12.622408)* ins südlich gelegene romantische ***Burgtal*** *(der Weg ist ab Rothenmoor ausgeschildert,* ↔ **16 km)**: Entlang eines Baches, der sich in den Abhang der Grundmoräne zum Malchiner See gräbt, blühen auf schweren Lehmböden Lungenkraut, Buschwindröschen, Weißwurz oder Wald-Veilchen. Ganzjährig trifft man am Burgtal-Wanderweg auf Wasseramsel und Eisvogel, gelegentlich sieht man auch eine Gebirgsstelze.

Ziel ist nach etwa 8 Kilometern das am gleichnamigen See gelegene ***Schloss Ulrichshusen*** *(Hotel),* wo man auf der Terrasse des ***Restaurants „Zum Burggraben"*** zu zivilen Preisen bei Flammkuchen mit hausgemachtem Wildschinken und Rucola die Seele baumeln lassen kann. Im Sommer Zentrum der Festspiele Mecklenburg-Vorpommern.

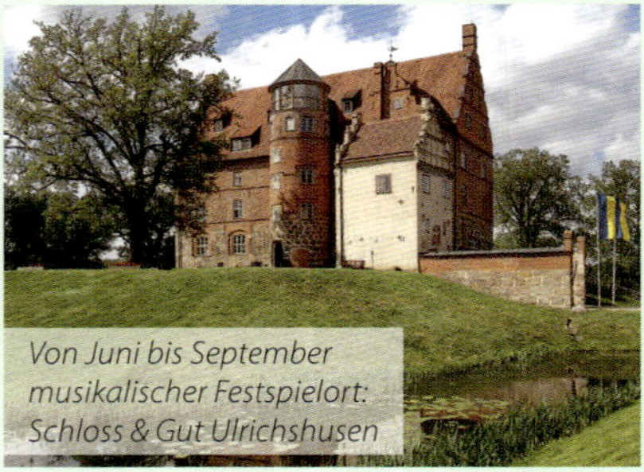

Von Juni bis September musikalischer Festspielort: Schloss & Gut Ulrichshusen

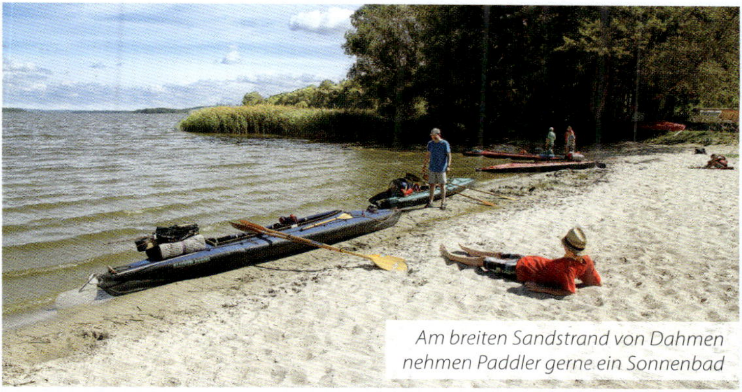

Am breiten Sandstrand von Dahmen nehmen Paddler gerne ein Sonnenbad

Der Natur-Campingplatz vom *Campingpark Seedorf* in **Seedorf** liegt romantisch auf einer Waldlichtung und trumpft mit einem der wohl schönsten Binnensee-Sandstrände Mecklenburg-Vorpommerns auf und dem günstigen ***Imbiss „Radler Eck“.***

km 13,5

Campingpark Seedorf
(039957) 291 39

Von hier führt eine rund 10 Kilometer lange ***Rundwanderung*** zum ***Schloss Basedow*** – *einem Renaissancebau mit Resten einer mittelalterlichen Wasserburg, in einem Mitte des 19. Jahrhunderts von Lenné angelegten Landschaftspark. Dieser sehenswerte Park ist einer der ersten rekonstruierten echten* ***Lenné-Landschaftsparks*** *in Mecklenburg-Vorpommern.*

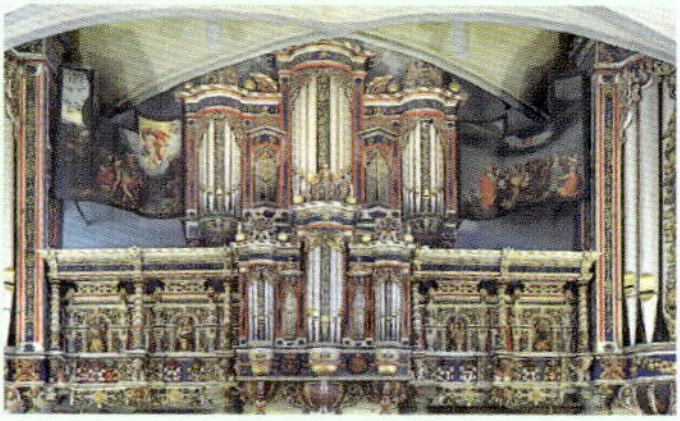

Die ***Dorfkirche*** *geht auf das 13. Jahrhundert zurück, ist mit schmuckvollen historischen Epitaphen des Adelgeschlechts derer von Hahn ausgestattet und birgt die älteste noch erhaltene Barockorgel Mecklenburgs (Foto), eine der letzten Orgeln Europas, die noch in Kirchentonarten gestimmt ist.*

An der Alleenstraße bei **Basedow** bietet ein 34 Meter hoher ***Aussichtsturm*** einen herrlichen Blick über den gesamten Malchiner See, zur Stadt Malchin und ins Hinterland der Mecklenburgischen Schweiz.

Zunächst geht es am ***Ostufer*** weiter entlang nordwärts, dann gelangt man über den ***Dahmer Kanal*** später wieder zurück nach **Malchin.**

Die Peene – Von Malchin nach Anklam

km 0

WWR + Malchiner Kanu-Club
(03994) 23 94 68
01520-364 54 53

Wasserfreizeit Bremer
(03994) 22 36 65
0174-917 67 37

Einsetzen in **Malchin** auf der Halbinsel „Kösters Eck" *(Peenecafé)* am Steg des *Kanu-Clubs* in den ***Dahmer Kanal (Westpeene)*** oder am Schwimmsteg des Stadthafens in den ***Peenekanal***, bzw. ***Ostpeene***.

Richtung Norden, entlang schöner Wassergrundstücke, taucht man hinter dem Stadtgebiet in eine wohltuende Stille ein.

km 3 Die wegen immer mal wiederkehrendem Hochwasser zeitweilig geschlossene Kult- und Traditionsgaststätte ***Moorbauer*** *bot schon 1947 Speisen, vorrangig Fischgerichte, an. Eine Initiative hat diese originelle Location, mitten im Moor und nur per Boot erreichbar, wieder belebt (auch Kino und Konzerte). Der „Moorbauer" wird an Pfingsten und im Sommer von Juni bis Ende August betrieben. (Do-So 12-20, Tel. 0151-20 29 77 39, www.moorbauer.com).*

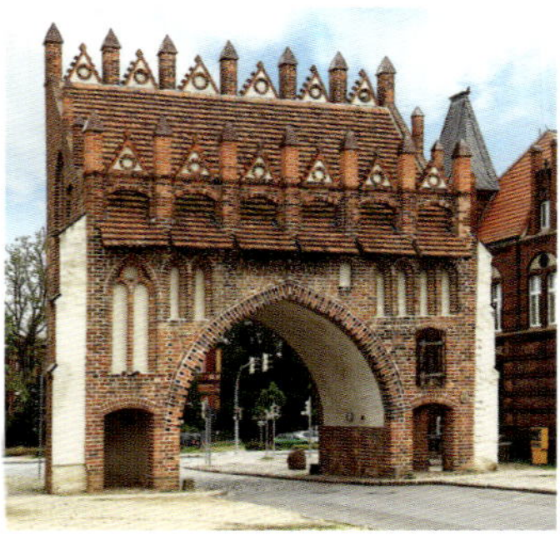

Hübsche Backsteingotik: Das Kalensche Tor in Malchin

Vorbei am Hafen des Malchiner Segler-Vereins geht es auf den riesigen ***Kummerower See*** hinaus, der mit einer Fläche von 33 Quadratkilometern immerhin der viertgrößte See

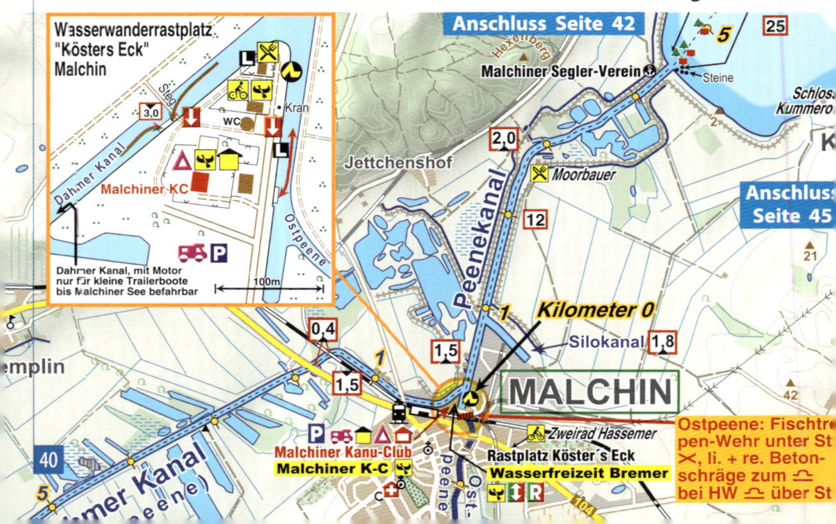

Mecklenburg-Vorpommerns ist. Die Befahrungsseite des Sees – **West- oder Ostufer** – sollte man je nach Windrichtung wählen. Die **Westseite** ist stark verschilft und sumpfig und nur bei der Ortschaft **Salem** kann man gut anlanden *(Befahrung siehe blauer Kasten unten)*.

Die **östliche Uferzone** bietet dagegen einige schöne Bade- & Anlegemöglichkeiten *(Befahrung Seite 43)*.

Wer den großen See nicht queren möchte *(siehe dazu auch Seite 23)*, nutzt den *Kanu-Shuttle.*

km 4,5

Kanu-Shuttle:
Kanustation Loitz (nach Absprache) 0177-271 16 88

Abenteuer Peenetal (nur eigene Boote) (039994) 74 99 37 0174-165 29 15

Befahrung Kummerower See – Westufer

Wer sich ans Westufer hält, gelangt nach etwa zwei Kilometern zur *Fischerei Salem*, wo man sich mit frisch Geräuchertem für die Tour eindecken kann.

km 6,5

Fischerei Salem (03994) 63 15 26

Im Sportboothafen von **Salem**, 500 m weiter, bietet die *segel basis salem* neben Kanuvermietung und Segelschule auch Biwakmöglichkeit *(WC, Duschen)*. Komfortabler kann man nebenan in einem Apartment der Kolping-Familienferienstätte *Ferienland Salem* nächtigen. WWRastplatz, Bootsanlegestelle, Badestrand und Gaststätte *(14-20, Sa+So ab 11)* runden das Angebot ab.

km 7

segel basis salem (039923) 71 60

Ferienland Salem (03994) 23 40

Vom ***„Bataillenberg"***, am Ortsrand von Salem, hat man den wohl prächtigsten Blick auf den ***Kummerower See*** und die ***Bornitzberge*** zwischen Gravelotte und Verchen. *Seinen Namen erhielt der **Bataillenberg** nach dem Gefecht 1762 zwischen Preußen und Schweden samt der verbündeten Mecklenburger, als die Preußen auf ihm zwei Kanonen in Stellung brachten und nach Neukalen hineinschossen.*

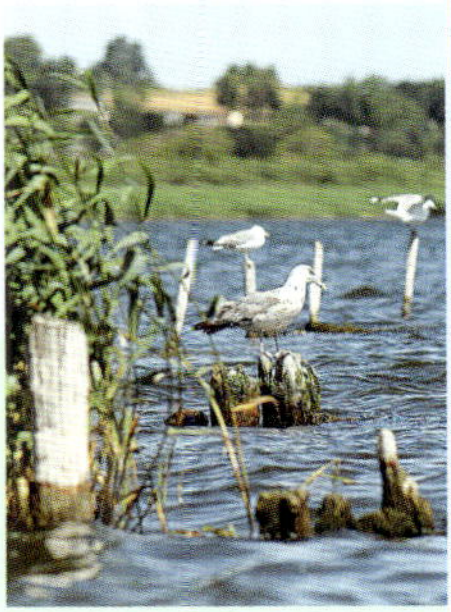

Von hier bieten sich zahlreiche ***Wanderungen*** in die ***Mecklenburgische Schweiz*** an, die eine Nord-Südausdehnung von etwa 29 Kilometern und eine Ost-Westausdehnung von 13 Kilometern hat. Auf gut ausgeschilderten Wegen geht es beispielsweise in den ***Neukalener Stadtwald***, auf den ***Hesterberg (65 m)***, die ***Friedrich-Franz-Höhe (97 m)*** oder auf den in unmittelbarer Nähe von **Gorschendorf** *(neogotische* ***Dorfkirche*** *mit Silberkelch aus dem 14. Jh.)* gelegenen ***Hexenberg***, der noch heute an die Christianisierung der Slawen in Mecklenburg erinnert.

Haustierpark Lelkendorf
tgl. 9-18

Etwas Besonderes ist die ***Draisinenfahrt*** von **Salem** zum ***Kloster Dargun*** über den ehemaligen Bahnhof von **Lelkendorf** *(sehr lohnender **Haustierpark,** Zuchtstation für seltene und gefährdete Haus- und Nutztierrassen).*

km 10

Etwa 3 km weiter das westliche Ufer entlang, mündet von links einer der Peene-Quellflüsse, der ***Neukalener Peenekanal,*** in den Kummerower See. Über ihn gelangt man in etwa 2,5 km nach **Neukalen** *(Schwimmsteg)* mit **Gasthaus & Herberge am Hafen**. *Mit seinen historischen Ringstraßen in der Altstadt und der den Marktplatz dominierenden **St. Johanniskirche** aus dem 14. Jh., macht das Städtchen eher einen verträumten Eindruck.*

Gasthaus „Am Hafen“
(039956) 204 39

Zum **Peenecamp** paddelt man noch ein Stück weiter geradeaus, vorbei an Bootshäusern und unter 3 Brücken hindurch. Hinter der hübschen sandigen *Badestelle* von **Neukalen** sind die Zeltplätze für Tagesbesucher.

Peenecamp
(039956) 29 64 08
0162-766 29 49

km 11

NSG

Der weitere Tourenverlauf am Westufer des Kummerower Sees verläuft still und einsam entlang der ***Naturschutzgebiete „Neukalener Moorwiesen“*** und ***„Großer Rosin“*** *(siehe Kasten Seite 48)* und ist geprägt von überwiegend sumpfigem Ufer ohne Anlegemöglichkeiten.

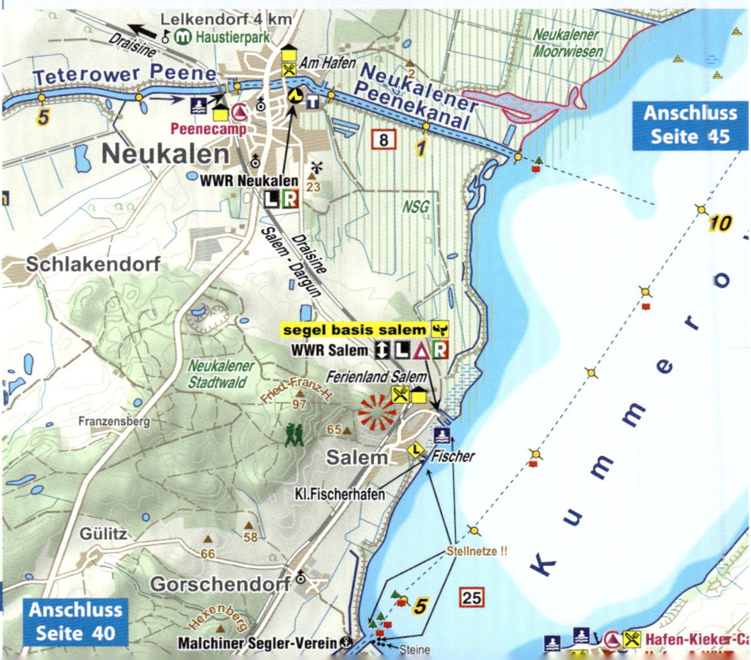

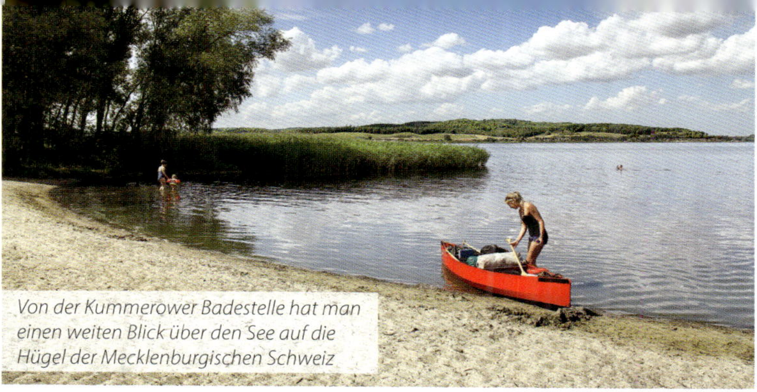

Von der Kummerower Badestelle hat man einen weiten Blick über den See auf die Hügel der Mecklenburgischen Schweiz

Unsere Route: Kummerower See – Ostufer

Wer das Ostufer zur Durchfahrung des Sees wählt, hält sich gleich an der Einmündung in den ***Kummerower See*** rechts, muss aber ***auf dicht unter der Wasseroberfläche liegende Steine achten!*** **km 4,5**

Dem See gab das romantisch an seinem Ufer gelegene Dorf **Kummerow** den Namen, *der sich vom slawischen Wort „komor" (Mücke) ableitet. Der Name „Mückenort" dürfte treffend sein, für den inmitten von Wiesen und Feldern gelegenen Ort, der auch wichtiger Grenzposten zwischen Vorpommern und Mecklenburg war.* **km 6**

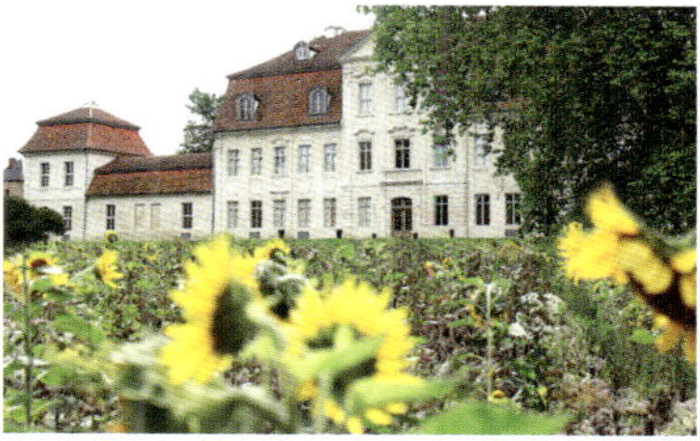

Zum See hin erstreckt sich ein ausgedehnter ***Landschaftspark***, der vor dem stattlichen ***Barockschloss*** endet, in dem ein ***Nationales Fotografiemuseum*** *(Öffnungszeiten siehe: www.schloss-kummerow.de)* entstanden ist. Eine Wiederherstellung des ***Lenné-Parks*** und eines Landungsstegs am Ufer des Sees nach historischem Vorbild sind in Planung.

Fotografische Sammlung - Schloss Kummerow
(039952) 23 51 80

Wenige Meter weiter, vorbei an der Terrasse des Restaurants & Cafés ***„Seeblick"*** *(tgl. 11.30-20/22, Mi bis 17.30)*, erreicht man den **Hafen Kummerow,** wo man das Zelt aufstellen kann. Der ***„Hafenkieker"*** *(ca. 9-22)* vom ***Hafen·Kieker·Camping*** offeriert kleine Speisen. **km 6,3**

Hafen·Kieker·Camping
0171-219 21 11

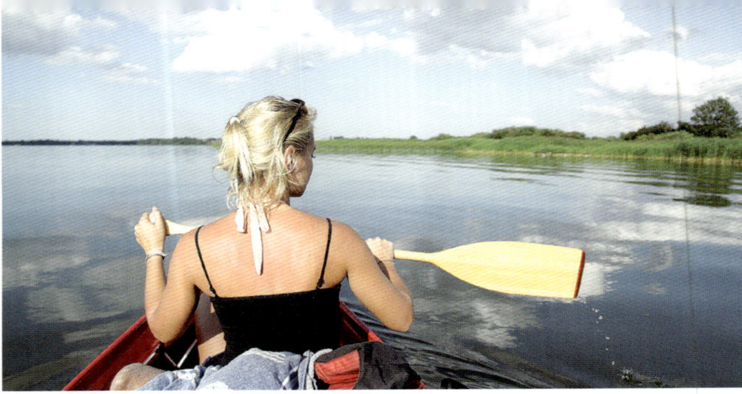

km 9 Etwa drei Kilometer nördlicher liegt an einem leicht abfallenden Sandstrand der *Camping- & WoMo-Park Sommersdorf.* In dem etwas verträumt wirkenden Ort **Sommersdorf** sind die turmlose ***Feldsteinkirche*** *(um 1700, mit Schnitzaltar, Mondsichelmadonna, hölzerne Kanzel mit reichem Schnitzwerk)* und das nach einem Brand 1924 wieder aufgebaute ***Gutshaus*** *(im Nationalsozialismus Bauernhofschule, dann Flüchtlingsunterkunft, heute Gemeindebesitz mit Wohnungen)* mit angeschlossenem Park, einen Besuch wert.

Campingpark Sommersdorf
(039952) 29 73

km 12,5 Französisch klingt der Name des nächsten Ziels: **Gravelotte**. *Folgende Geschichte kursiert über diesen ungewöhnlichen Namen. Drei Männer aus dem benachbarten Meesiger zogen im deutsch-französischen Krieg 1870 in die Schlacht bei Gravelotte ins Lothringische. Einer von ihnen, der gesund zurückgekehrt war, erwarb das Stück Land am See, errichtete eine Ausspanne mit Gasthof im Schweizer Landhausstil und gab ihr zur Erinnerung an die damalige Schlacht den wohlklingenden Namen.*

Hotel Gravelotte
(039994) 72 10

Das direkt am See gelegene *Hotel Gravelotte* verfügt über einen Streichelzoo und ein Damwildgehege, bietet Reitmöglichkeiten und ein Wellnessangebot.

Unmittelbar vor dem Hotel liegt hinter einem Sandstrand der *Campingplatz und Wasserwanderrastplatz Gravelotte* auf einem großen Wiesengelände. Versorgen kann man sich morgens im *Minimarkt (tgl. 8-10).*

Camping & WWR Gravelotte
(039994) 107 32

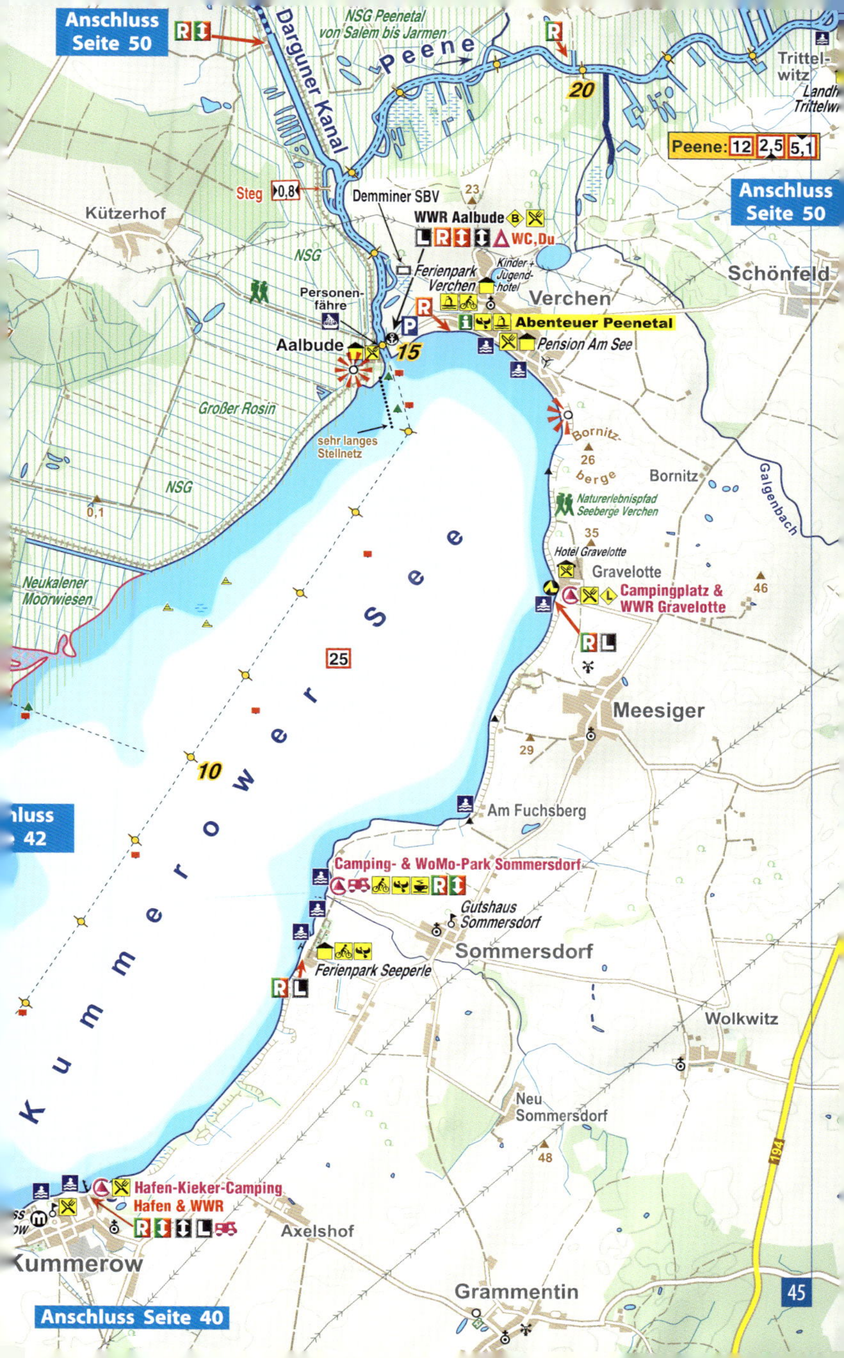

Anschluss Seite 50
Darguner Kanal
NSG Peenetal von Salem bis Jarmen
Peene
20
Trittelwitz
Peene: 12 2,5 5,1
Anschluss Seite 50
Steg 0,8
Demminer SBV
Kützerhof
23
WWR Aalbude
WC,Du
NSG
Ferienpark Verchen
Kinder + Jugend-hotel
Verchen
Schönfeld
Personen-fähre
Abenteuer Peenetal
Aalbude
15
Pension Am See
Großer Rosin
sehr langes Stellnetz
Bornitz-berge
26
Bornitz
NSG
0,1
Naturerlebnispfad Seeberge Verchen
Galgenbach
35
Hotel Gravelotte
Gravelotte
Neukalener Moorwiesen
Campingplatz & WWR Gravelotte
46
25
Kummerower See
Meesiger
29
10
Am Fuchsberg
Camping- & WoMo-Park Sommersdorf
Gutshaus Sommersdorf
Sommersdorf
Ferienpark Seeperle
Wolkwitz
Neu Sommersdorf
48
194
Hafen-Kieker-Camping Hafen & WWR
Axelshof
Kummerow
Grammentin
Anschluss Seite 40

Dem nahen Dorf **Meesiger** mit seiner schönen ***Kirche*** kann man gut von hier aus einen Besuch abstatten. *Sie wurde als Wehrkirche nach dem Dreißigjährigen Krieg von Meesiger Bauern erbaut. Ihre Emporen aus dem 17. Jahrhundert sind mit allegorischen Figuren bemalt.*

Der nördliche Teil des Sees zwischen Gravelotte und Verchen mit seinen idyllischen kleinen Buchten ist zweifellos der schönere. Mit zahlreichen Schautafeln beschildert, führt der ***Naturerlebnispfad „Seeberge Verchen"*** von Meesiger über Gravelotte nach Verchen entlang der ***Bornitzberge*** *(1164 Entscheidungsschlacht zwischen den Truppen Heinrich des Löwen und den Wenden)* und eröffnet herrliche Blicke *(Aussichtsplattform)* auf die riesige Wasserfläche.

km 14,8

Naturpark-Info
(039994) 74 99 37
& 0174-165 29 15

Abenteuer Peenetal
(039994) 74 99 37
& 0174-165 29 15

Der große Sandstrand in **Verchen** mit seinem ausgedehnten Flachwasserbereich ist besonders für Kinder ein idealer Badeplatz. Die ***Naturpark-Info*** und ***Kanustation Verchen „Abenteuer Peenetal"*** sind in einem Häuschen direkt am Strand untergebracht: Dort erhält man Infomaterial über den Naturpark. Außerdem vermietet die Station Kanus und SUP-Boards und organisiert Kanu-, Biber- oder Solarboottouren. Großer *Parkplatz* in der Budenstraße.

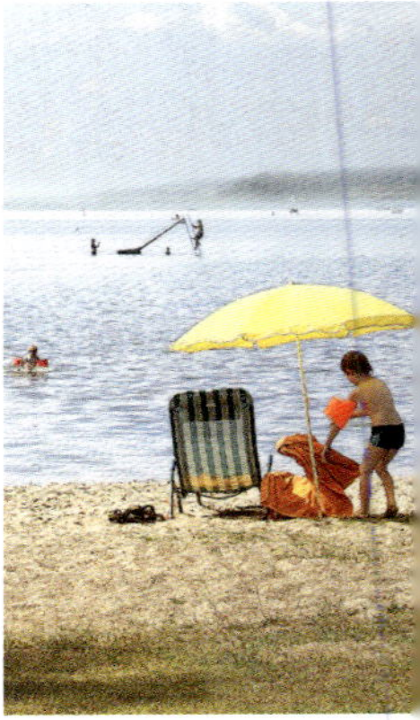

Pension „Am See"
(039994) 109 30

Kinder- & Jugendhotel
(039994) 79 30 &
0160-909 246 52
Café Mo-Do 14-17

Wer im Bett nächtigen möchte, findet hier zwei Möglichkeiten: die ***Pension „Am See"*** und das ***Kinderhotel*** mit dem hübschen *„Café im Brauhaus" (Mo-Do).*

Im Jahre 1269 entstand in Verchen das erste Nonnenkloster Pommerns. Von der Anlage der Benediktinerinnen blieb die sehenswerte einschiffige, frühgotische ***Klosterkirche St. Marien*** *mit spätgotischem Schnitzaltar und hohen Fenstern mit Glasmalereien erhalten.*

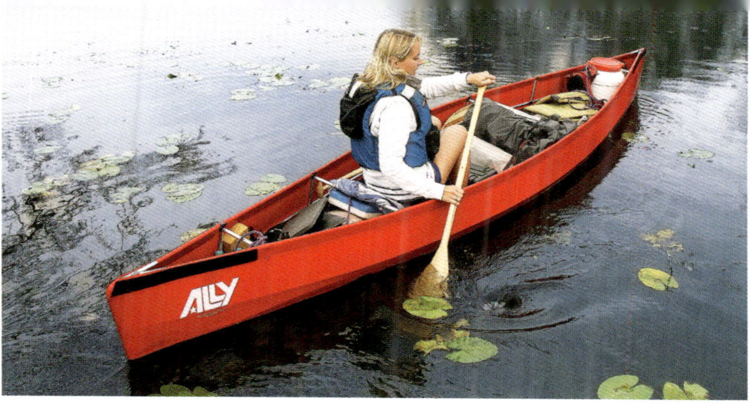

km 15

Nur noch wenige hundert Meter am Ufer entlang sind es bis zum *Wasserwanderrastplatz Aalbude (WC, Duschen)*, der sich gleich hinter der Einfahrt in die Peene am rechten Ufer befindet. Der Hafenmeister händigt den Schlüssel für die Sanitäranlagen aus. Ein *Fischimbiss* offeriert am Wochenende leckere Matjesbrötchen, Backfisch und Räucherfisch und morgens fährt sogar ein Verkaufswagen der *Bäckerei* vor.

WWR Aalbude
0177-684 84 85

Fischimbiss Sa+So
Bäcker Mo-Sa

Die wenigen ***gebührenpflichtigen Parkplätze*** können im Sommer schnell rar werden.

Direkt gegenüber bietet die ***Gaststäte & Pension „Aalbude"*** Zimmer *(ab 3 Übernachtungen)* und leckere Fischgerichte aus heimischen Gewässern. Leider kann man dort mit dem Kanu nicht anlegen. Daher muss die ***Personen- & Fahrradfähre*** genutzt werden, die auf Anforderung die Gäste über das Wasser bringt.

Aalbude
(039959) 276 79
Di-So 11-20

MVVG-Fähre Aalbude
ca. Apr+Okt 10-18
ca. Mai-Aug 10-20

Vom nahen ***Aussichtsturm*** eröffnet sich besonders in den Abendstunden ein herrlicher Blick auf das Niedermoor, wo seltene Vögel, wie Silberreiher, jagende Fischadler, Rohrweihe oder der Schwarzmilan, aber auch Biber, Fischotter oder Wildschweine zu beobachten sind. Im Herbst und zeitigen Frühjahr rasten Tausende Zugvögel auf den überfluteten Wiesenflächen.

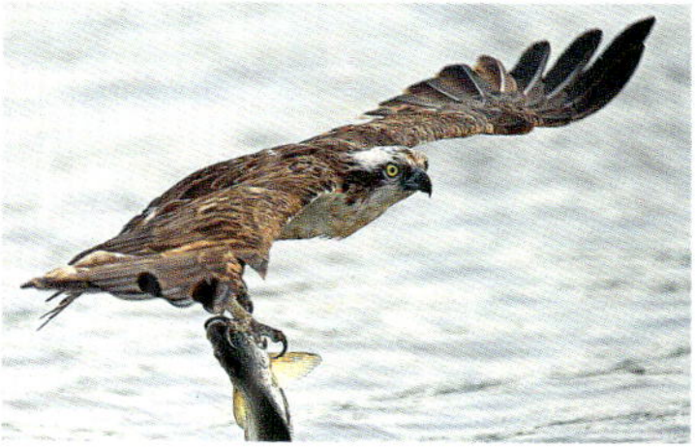

Ein besonderes Erlebnis ist ein ***Spaziergang*** in den zwischen **Aalbude** und **Neukalen** gelegenen ***Naturschutzgebieten „Großer Rosin"*** und ***„Neukalener Moorwiesen"***.

Es muss jedoch ausdrücklich darauf hingewiesen werden, dass die aus Sand und Kies bestehenden ***Wege*** (nicht nur aus Naturschutzgründen) ***keinesfalls verlassen werden dürfen***! Ein Abkommen vom Weg kann gefährlich sein.

Die ausgedehnte Moorfläche ist durch ein engmaschiges Netz von sehr flachen Gräben unterteilt. Die Vegetation besteht aus Feuchtwiesen, Seggenrieden und Weidengebüsch.

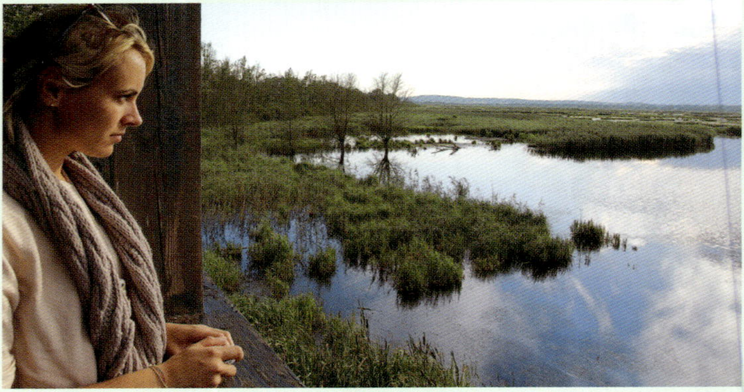

Aussicht auf die renaturierten Polder im Naturschutzgebiet „Großer Rosin" unweit der Aalbude

Zwischen den geschützten Moorwiesen am Nordwestufer des Kummerower Sees setzt man die Fahrt nun auf der ***Peene*** fort.

km 17 Nach Passieren einiger Bootshäuser zweigt links der ***Darguner Kanal*** ab. Über ihn gelangt man zum ***Kloster Dargun***. Dazu setzt man nach zwei Kilometern im Kanal am Steg des ***Kanurastplatzes*** *(Bootshäuser)* aus und geht die letzten zwei Kilometer zu Fuß entlang des ***Röcknitzbaches*** nach **Dargun** zum Kloster.

Kloster Dargun: *Dänische Mönche aus Esrom gründeten 1172 das Zisterzienserkloster an der Via Regia, die von Lübeck an die Pommersche Bucht führte. Das Kloster stand*

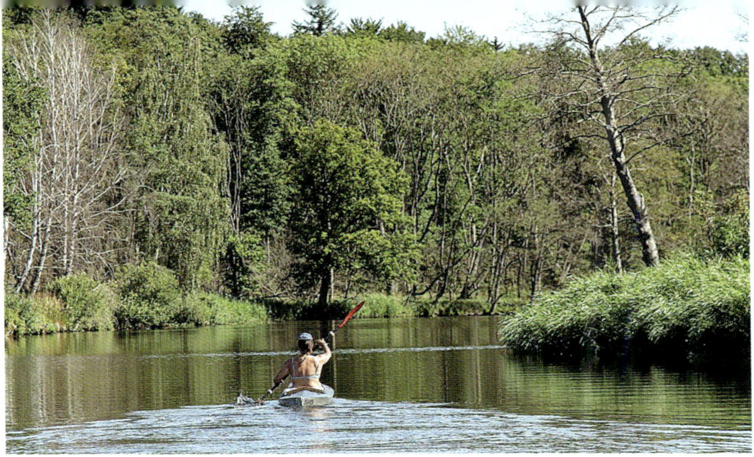

Die Peene – ein Fluss der stillen Reize

bis Mitte des 14. Jh. auf der Höhe seiner Macht, zählte aber aufgrund seiner argen Verschuldung später zu den ärmsten mecklenburg. Klöstern und wurde 1552 aufgelöst.

Die Kloster- und Schlossanlage (Klosterladen, Ausstellungsräume, Heimatmuseum) hat sich zu einem bekannten Veranstaltungsort entwickelt und bietet jedes Jahr eine Vielzahl von Aufführungen wie z.B. den Darguner Musiksommer oder Konzerte der Festspiele Mecklenburg-Vorpommern.

Uns lütt Museum im Kloster Dargun
Apr-Okt nur Sa, So 13.30-16.30
Jul-Aug auch Mi & Do 13.30-16.30

Klosterladen im Speicher
(039959) 18 96 17
tgl. 10-12 & 14-16

Gleich hinter dem Kloster findet man neben der *Draisinenstation* im ehemaligen Bahnhofsgebäude das **Café und B&B Bahnhof Dargun**.

Café und B&B Bahnhof Dargun
(039959) 277 25
Café:
Mai-Sep Do-So 14-18
Okt-Apr Fr-So 14-17

Das ***Peenetal*** ist im weiteren Verlauf ein großes Feuchtgebiet mit sumpfigen Auen und zahlreichen, bis zu vier Meter tiefen Torfstichen voller Seerosen und Schilf. Diese gehören, wie auch die Moorwiesen, zum **Naturschutzgroßprojekt Peenetallandschaft.**

km 18
NSG

Schon zu Beginn der Bronzezeit ist die Verwendung von Torf als Brennmaterial bekannt, aber erst ab 1800 nahmen Abbau und Transport auf dem Wasserwege zu. Erst mit Einführung der Kohlefeuerung verlor die Torfgewinnung allmählich an Bedeutung. Die vom Fluss isolierten, nährstoffarmen Torfstiche weisen jedoch ideale Verhältnisse

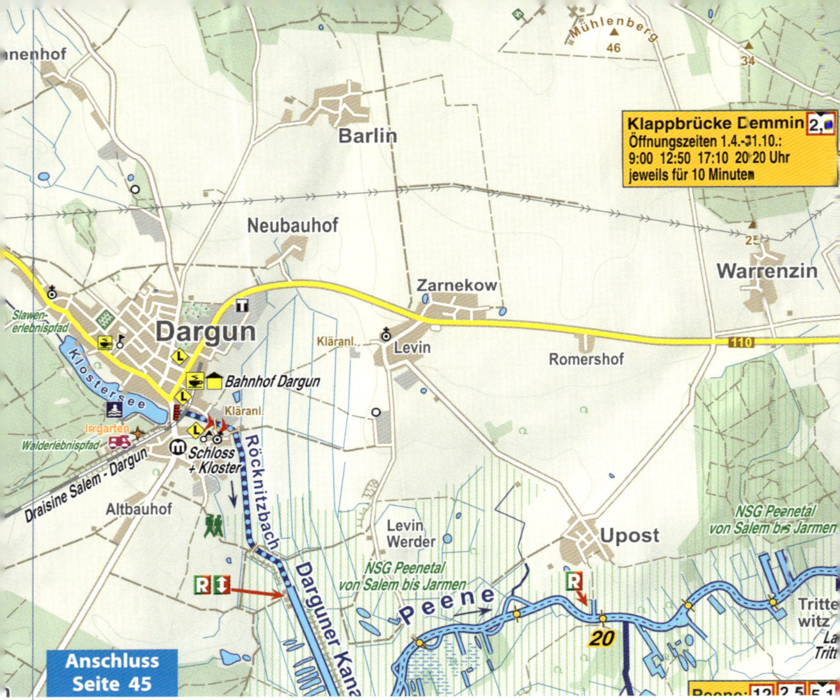

für gefährdete Pflanzen wie Wasserprimel und Krebsschere auf. Letztere hat hier ihr größtes Vorkommen im Peenetal.

km 23

WWR Trittelwitz

Die erste Übernachtungsmöglichkeit an der Peene findet man an dem in einem kleinen Seitenarm gelegenen *Wasserwanderrastplatz* (*Trocken-WC*) von **Trittelwitz**. Eine überdachte Sitzgruppe, eine Feuerstelle mit Grillplatz und die schöne ***Badestelle*** machen Lust auf einen längeren Aufenthalt. In der Abenddämmerung lassen sich gut Biber beobachten.

Im Hochsommer kommt auch mal das ***Kulturfloß*** vorbei und es gibt ein tolles Konzert (Infos: www.schoenfeld-trittelwitz.de/wasserwanderrast.html).

Landhof Trittelwitz
(039994) 79 88 39

Von hier sind es nur 200 Meter in den beschaulichen Ort, wo der *Landhof Trittelwitz* hübsche Zimmer und gemütliche Ferienwohnungen vermietet. Die Gaststätte und Biergarten sind zur Zeit leider geschlossen.

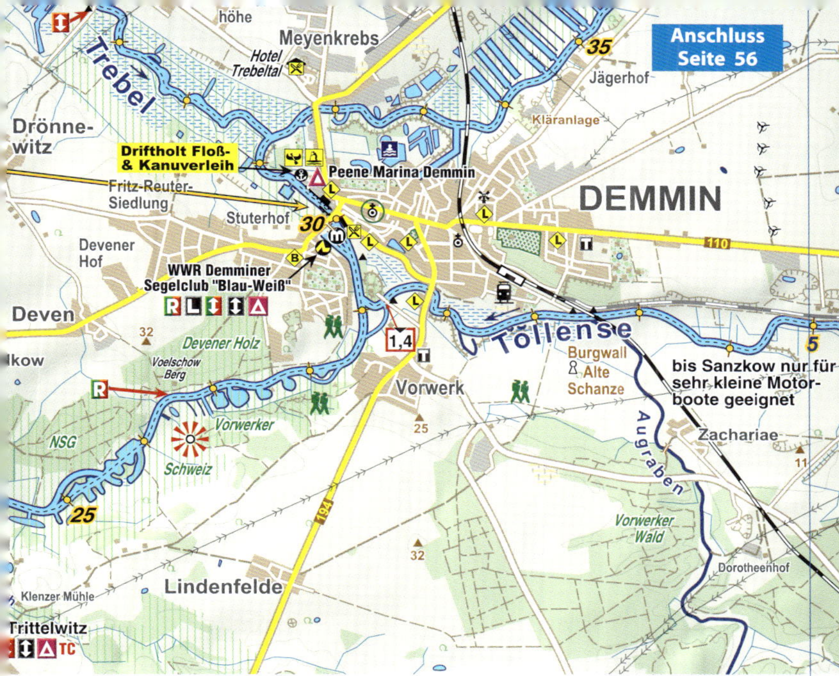

Das aus ca. 30 Häusern bestehende Dorf ***Trittelwitz****, erstmals 1255 erwähnt, stand damals unter der Hoheit des Klosters Verchen.*

Wer hier nächtigt, dem sei eine ***Wanderung*** entlang des ***Klenzer Mühlenbachs,*** einem naturnahen Bachtal mit Quellmoorbereichen, empfohlen. Die Blütenpracht der vorkommenden Pflanzenarten im Mai und Juni ist überwältigend. Der Bachlauf ist Laichgebiet zahlreicher Fischarten und ein wichtiges Winterrückzugsgebiet für Biber und Fischotter.

Bei Wanderungen in die nähere Umgebung sollte man abseits der Wege auf die Bestände des ***Schmalblättrigen Wollgrases*** achten. Diese Pflanze ist kennzeichnend für Moore und muss als Warnsignal für oft nicht mehr begehbarem und manchmal sogar gefährlichen Schwingrasen ernst genommen werden.

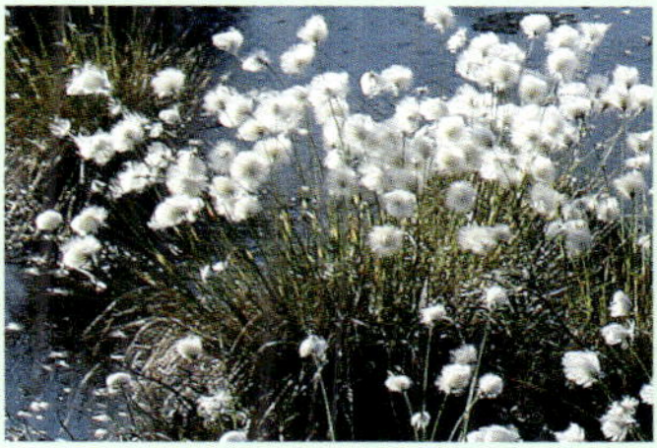

Schmalblättriges Wollgras

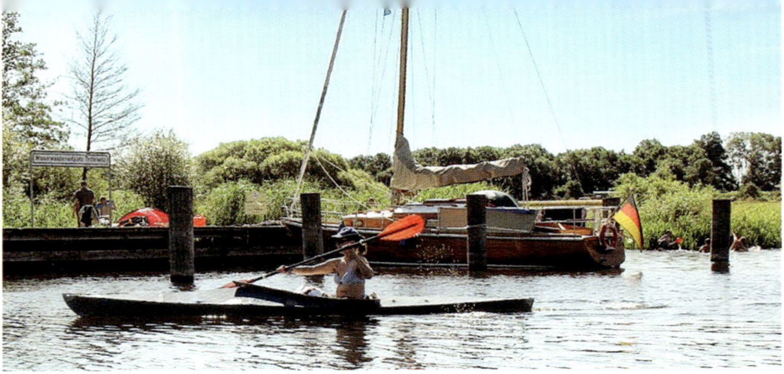

Der Wasserwanderrastplatz von Trittelwitz liegt in einem kleinen Seitenarm

Die hügelige Landschaft der ***Vorwerker Schweiz*** ist eine Hinterlassenschaft der letzten Eiszeit und begeistert im weiteren Tourenverlauf zur Rechten mit bewaldeten Höhenzügen, lauschigen Rastplätzen und einigen Bademöglichkeiten am sandigen Peeneufer.

Der ***Naturlehrpfad „Vorwerker Schweiz"*** am Südufer vermittelt viel Wissenswertes über frühgeschichtliche Bodendenkmale sowie den Artenreichtum der heimischen Flora und Fauna.

Wer ihn begeht, sollte auch einen Schlenker zum ca. 2 km östlich gelegenen, altslawischen ***Burgwall „Alte Schanze"*** machen. Dieser war bis Ende des 19. Jh. noch vollständig erhalten.

km 26,6 Einer der schönsten Peene-Abschnitte führt auf Demmin zu. An beiden Seiten des Flusses zweigen malerische Torfstiche ab. Links lädt eine *Steganlage* zur

R Rast oder zu einem ***Spaziergang*** ins ***Naturschutzgebiet „Devener Holz".*** Auf einem Rundweg kann man neben Stileichen und Buchen zahlreiche typische Waldvogelarten, aber auch Lurche und andere Kriechtiere entdecken.

NSG

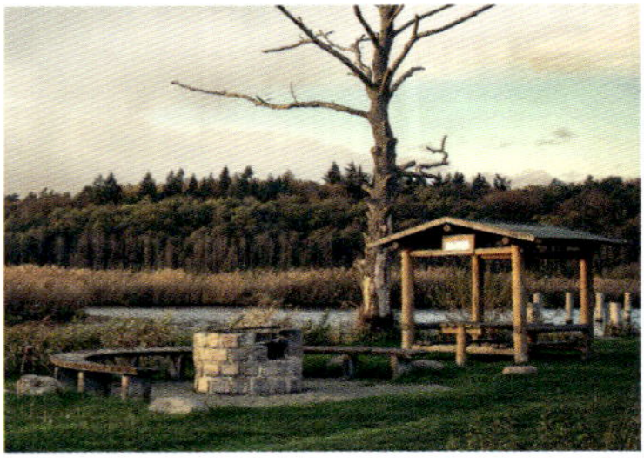

Naturnäher geht's kaum – WWR Trittelwitz

Im Wald trifft man dann auch auf das schöne, alte Backsteinhaus ***„Voelschow Berg"***, nur noch für Auswärtige ein Geheimtipp im Demminer Kulturkalender. Im einstigen historischen Ausflugslokal finden ab und zu Konzerte statt *(Facebook: Voelschow Berg Demmin)*, insbesondere im Rahmen von Veranstaltungen rund um das Kulturfloß der Villa Eden.

Von rechts mündet die ***Tollense*** in die Peene. Nach dem Zusammenfluss geht es bald links zum ***Wasserwanderrastplatz des Segelclubs Blau-Weiß Demmin***. Das große Gelände mit überdachter Sitzgruppe, kleiner Küche, Grill- und Feuerstelle sowie Sanitäranlagen *(WC, Duschen)* bietet viel Platz für Zelte. Von hier aus sind es nur wenige Hundert Meter ins Zentrum.

km 29,1
km 29,8

WWR Demminer Segelclub
(03998) 259 84 54
0170-247 10 08
tgl. 8-10 + 16-18

Das Wahrzeichen der Hansestadt **Demmin** *ist die im 13. Jahrhundert erbaute, fast 100 Meter hohe* ***St. Bartholomaei-Kirche.*** *Sie wurde 1676 bis auf die Grundmauern zerstört, aber im 18. Jahrhundert wieder aufgebaut und Mitte des 19. Jahrhunderts mit einem neogotischen Turm versehen.*

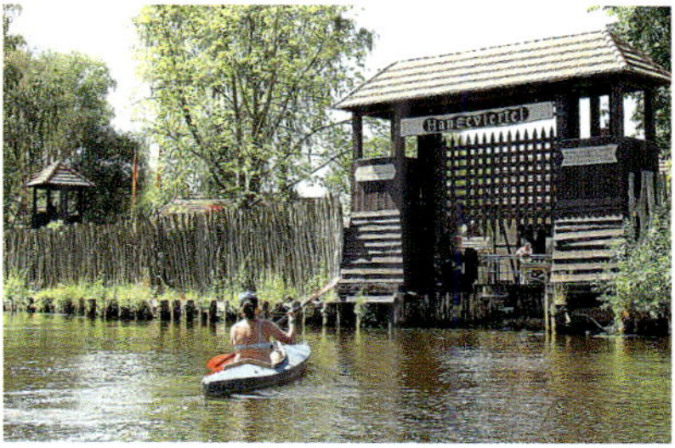

Tipp: Gegenüber des Wasserwanderrastplatzes, auf der ***Demminer Fischerinsel***, ist das ***Freiluftmuseum Hanseviertel*** entstanden, welches nicht nur kleinen Besuchern auf anschauliche Weise die Lebensgewohnheiten und Handwerkstechniken des späten Mittelalters nahebringt.

Freiluftmuseum Hanseviertel
0162-306 31 81
Mai-Okt tgl. 10-16

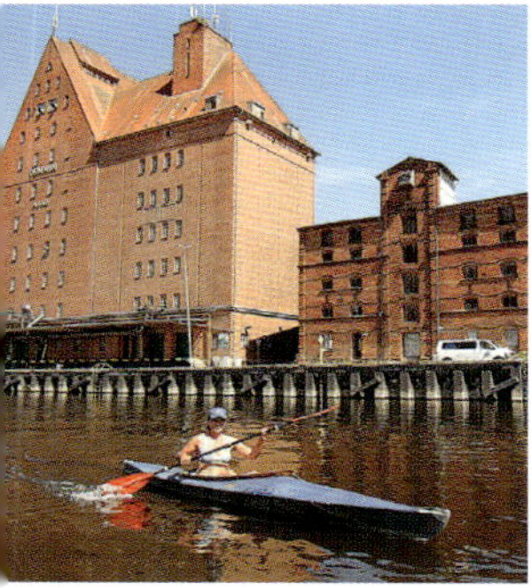

Vorbei an alten Speicherhäusern geht es wieder aus der Stadt. Zum Schluss passieren wir noch die ***Peene Marina Demmin*** *(Einkaufsmöglichkeit 250 m)*, wo auch ***Driftholt Floß- & Kanuverleih*** seine Station hat. Die Marina ist eine gute Basisstation für Touren

km 30,6

Peene Marina Demmin
(03998) 282 42 81
0151-20 22 39 39
(Hafenmeister)

Driftholt Floß- & Kanuverleih
0175-579 43 82

Hotel Trebeltal
(03998) 25 10

auf drei Flüssen – ***Peene, Tollense*** und ***Trebel***. Wer gerne im Bett übernachten möchte, kann sein Kanu hier liegen lassen, um zu Fuß oder mit dem Taxi ins 1,5 km entfernte ***Hotel Trebeltal*** zu gelangen.

km 31,3 Nun stößt von links die ***Trebel*** hinzu; wenige Hundert Meter weiter geht es unter der viel befahrenen Straßenbrücke der B194 hindurch, hinter der links der Stadtteil **Meyenkrebs** liegt

Im Dreistromland von Peene, Trebel, Tollense verbreitert sich der Fluss deutlich. Auf den folgenden Kilometern erstreckt sich linker Hand ein ***Moorgebiet*** mit zahlreichen Torfstichen. Biberburgen zeugen von einem konzentrierten Auftreten der Tiere. Längeren Aufenthalt oder Rasten sollte man vermeiden.

km 36,5 Linker Hand ist durch die Begradigung der Peene, gegenüber des Örtchens **Pensin,** eine Insel entstanden. Auf ihr ist ein kleiner Hügel zu sehen, der sich nur durch Waldbestockung vom umliegenden Grünland abhebt. In seinem Innern beherbergt er eine ***slawische Niederungsburg***. Da der Hügel auch *„Räuberberg"* genannt wird, galt er vor Jahrhunderten vielleicht wirklich als Zufluchtsort für Wegelagerer.

km 37 Am flachen, sandigen Ufer des ***Wasserwanderrastplatzes Pensin*** *(WC)* kann man toll baden.

WWR Pensin
0171-749 36 15

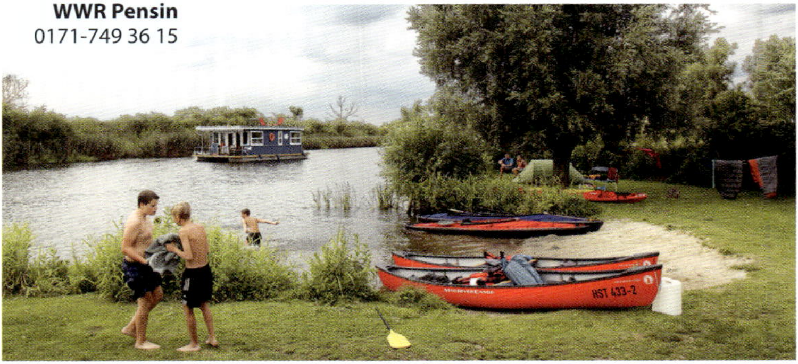

Wasserwanderrastplatz Pensin mit schöner, sandiger Badestelle

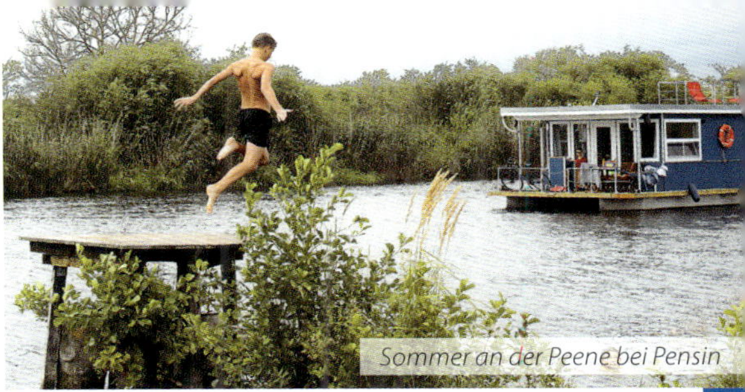

Sommer an der Peene bei Pensin

Der Name des Ortes **Pensin** *ist slawischen Ursprungs und bedeutet soviel wie „Ort der Baumstämme". Die schöne* ***Kirche,*** *ein Feldsteinbau mit backsteinernen architektonischen Details, wurde Anfang des 19. Jahrhunderts anstelle der im Dreißigjährigen Krieg zerstörten alten Kirche erbaut. Daneben befindet sich das feldsteinerne Mausoleum der Familie Dudy aus Kletzin.* Die ***Gaststätte Zum Kronenwirt*** im Ort offeriert einfache Gerichte.

Zum Kronenwirt
(03998) 28 56 57
Öffnungszeiten vorab erfragen

Wer zwei Kilometer weiter in **Rustow** im ***Hotel Eleganz (Garni)*** übernachten möchte, biegt ca. 150 Meter nach dem Torfstich, der sich linksurfrig vor dem Gutshaus Rustow erstreckt, links in einen kleinen Kanal und setzt nach etwa 100 Metern vor einem kleinen Steg rechts aus. Das Kanu kann an einem Holzgerüst mit dem eigenen mitgeführten Bügel- oder Kettenschloss festgemacht werden, um dann erst auf einem Feldweg entlang der Baumreihe neben der Peene, dann nach links zu schwenken und geradeaus, bis zur Hauptstraße zu gehen. Gleich rechts liegt das Hotel.

Eleganz Hotel
(Hotel Garni)
(039998) 31 05 80

km 40,5

Am ***Wasserwanderrastplatz Zeitlow*** *(WC)* lässt sich mit herrlichem Blick über die Peene die eine oder andere Stulle verdrücken und je nach Witterung auch ein Bad in der Peene nehmen. Richtung Pensin kommt man zum Bohlenweg ***„Naturparkweg zwischen Pensin und Zeitlow"***, der zum abendlichen Beobachten der Tier- und Pflanzenwelt einlädt. In Gegenrichtung führt ein reizvoller schmaler ***Wanderweg*** direkt im terrassierten Talhang durch die ***„Zeitlower Anlagen"*** auf Loitz zu. Zwischen alten Buchen und Eschen genießt man immer wieder einen Blick auf die Peene.

WWR Zeitlow
0172-654 09 68

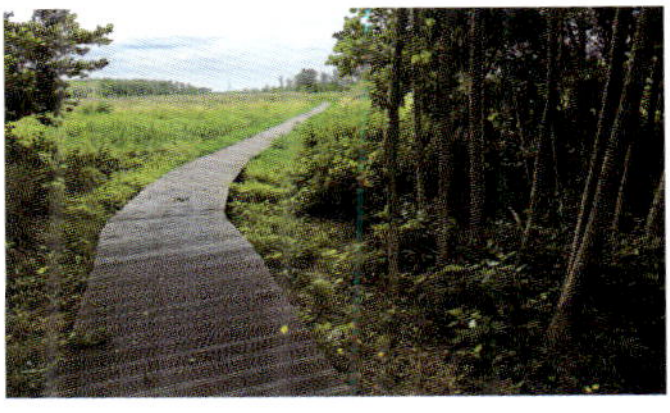

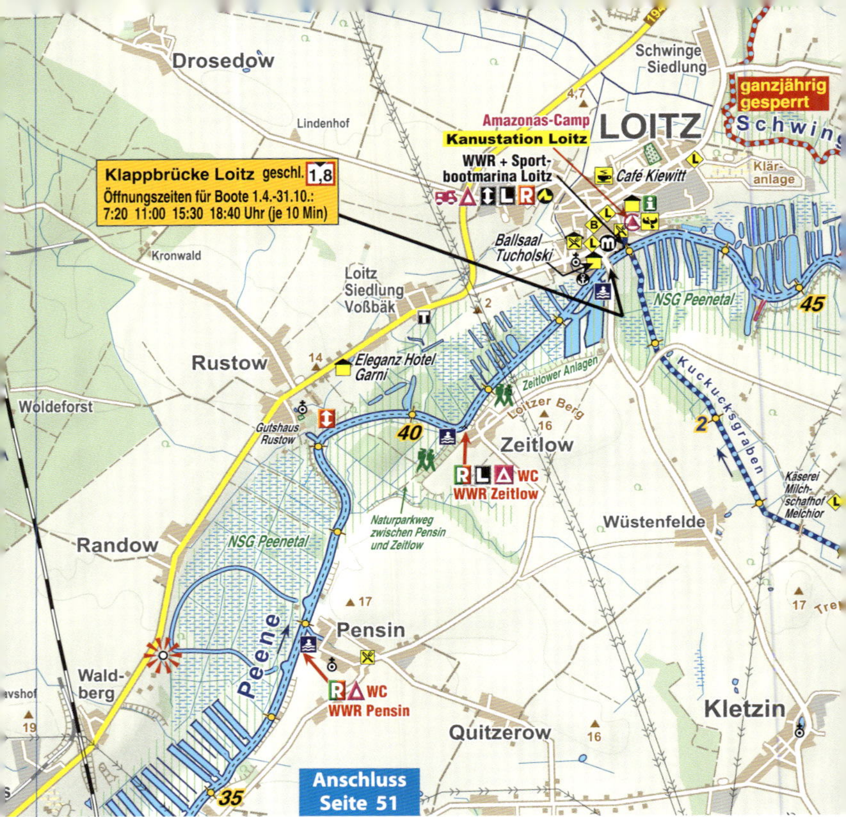

km 42,8

km 43

Hafen, Marina & WWR Loitz
(039998) 153 12

„Korl Loitz"
(039998) 187 04
Mo-So 11-21
reservieren!

Zurück im Kanu, kündet schon bald die zweispurige Klappbrücke **Loitz** von der links im großzügigen Sportboothafen liegenden *Marina Loitz* mit *Wasserwanderrastplatz (WC, Duschen, Kiosk)*. Auch fürs *Amazonas-Camp* setzt man hier am Schwimmsteg aus.

Direkt am Hafenbecken ist das ***Restaurant „Korl Loitz"*** im hübschen Fachwerkbau des ehemaligen Bahnhofs untergebracht. Am Abend beobachten

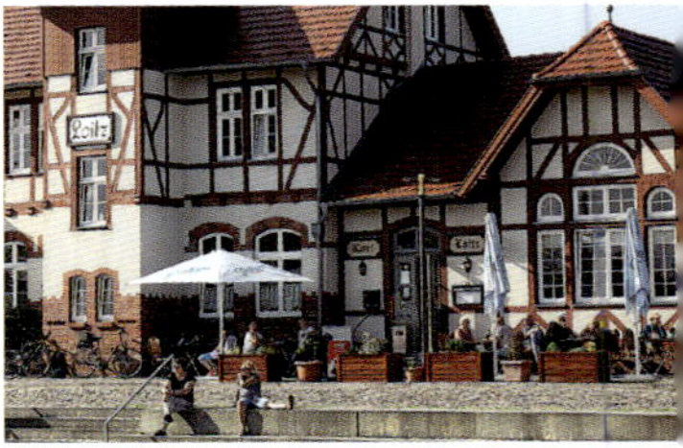

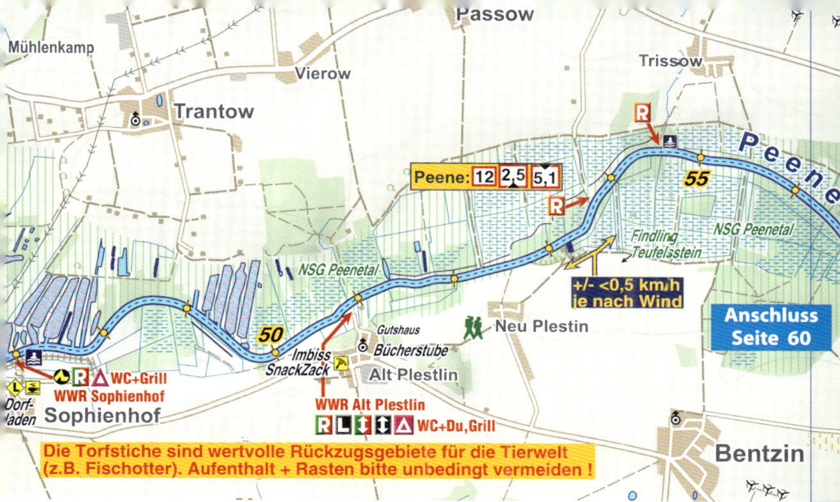

wir im Licht der untergehenden Sonne das Treiben im Hafenbecken und genießen dabei den leckeren gebratenen Fisch.

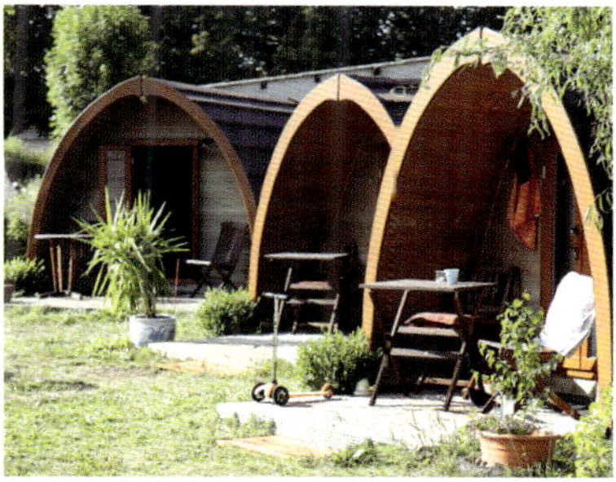

Gleich daneben liegt das *Amazonas-Camp* – ein gemütlicher Natur-Campingplatz mit komfortablen Glamping-Pods, guten Sanitärräumen, Küche, Aufenthaltsraum sowie der *Kanustation Loitz* und *Naturpark-Info.* Am Lagerfeuer kann man sich von Michael Woitacha, der ausgebildeter Natur- und Landschaftsführer ist, über die Gegend informieren lassen. Do + Sa finden in den Abendstunden auch geführte Peenesafaris statt.

Amazonas-Camp
(039998) 41 90 01
0177-510 05 10
Kanustation Loitz
(039998) 41 90 05
0177-271 16 88
Transfer möglich

Loitz, *die zweitälteste vorpommersche Kleinstadt, liegt auf einem Plateau über dem Moorgebiet der Peene und ist schon mehr als 750 Jahre alt. Zu den Sehenswürdigkeiten gehören Reste der* ***Stadtbefestigung****, das westliche* ***Steintor*** *aus dem 14. sowie die aus dem 13. Jh. stammende* ***Kirche St. Marien.*** *In ihrem Innern findet sich ein Taufstein aus dem 12. Jh., den Otto von Bamberg von seinen Missionsreisen mitgebracht haben soll.*

Torfkopp Museum
0177-886 01 67
Sa, So 14-17

Nicht nur bei schlechtem Wetter lohnt in **Loitz** ein Besuch des ***Torfkopp Museums,*** *welches die Torfgeschichte an der Peene und in Deutschland dokumentiert sowie viele Torfstichwerkzeuge zeigt. Man erfährt beispielsweise, dass man mit Abbautiefen von sechs bis acht Metern gearbeitet hat und 1959 die Torfgewinnung zwischen Loitz und Gützkow eingestellt wurde.*

Hafendestillerie & Brauerei
(030) 53 00 21 00

Getränke Längert
(039998) 103 62

„Torfig" ist es auch nebenan in der ***Hafendestillerie & Brauerei*** *(www.Hafendestillerie.de)*, wo der erzeugte Whisky zusätzlich mit frisch gestochenem und konzentriertem Peene-Torf angereichert wird. Verkauf bei *Getränke Längert (Am Postberg, Mo-Fr 9-18, Sa 8.30-12.30).*

KulturKonsum
0174-693 29 50

Einen Steinwurf entfernt liegt in der Peenestr. 8 im liebevoll restaurierten Fachwerkhausensemble mit historischen Innenhöfen der **KulturKonsum** *(Heimatverein, Galerie, Vorträge, Lesungen, Konzerte).*

Ballsaal Tucholski
0179-920 81 71

Etwas ganz Besonderes – ja, ein kulturelles Highlight der Region, ist der ***Ballsaal Tucholski***. Das Atelier von Peter Tucholski, vor der Klappbrücke an der Peene gelegen, ist ein Ort für die Kunst – Malerei, Bildhauerei, Theater, Musik, Tanz und Film. Überdies ist das Haus ein *Bett & Bike-Gastbetrieb*. Sogar das *Zelt* kann man im lauschigen Garten für eine Nacht aufstellen.

Café Kiewitt
0176-73 51 11 09
Do+Fr 12-18
Sa+So 14-18

Torten & Kultur – im Norden von Loitz, in der Straße *Am Kiewitt 26* im historischen Anwesen des ehemal. FDJ–Heims, bietet neben Suppe & Quiche das Familiencafé ***Café Kiewitt*** tolle Torten und manchmal Konzerte.

km 45,5

Hinter Loitz wird es immer stiller auf dem Fluss; von links mündet die ***Schwinge*** *(ganzjährig gesperrt).*

km 47

WWR Sophienhof
0174-464 46 70

Bald taucht am rechten Ufer der ***Wasserwanderrastplatz*** *(WC + Grill)* **Sophienhof** mit besonders schöner ***Badestelle*** auf. Nur wenige Meter sind es ins Dorf, wo man sich im ***Dorfladen*** *(mit Café)* mit frischen Lebensmitteln – bio und regional – und hübschen Mitbringseln eindecken, oder auch ein Fischbrötchen essen kann. *Zerpenzin hieß der kleine, als typisch slawisches*

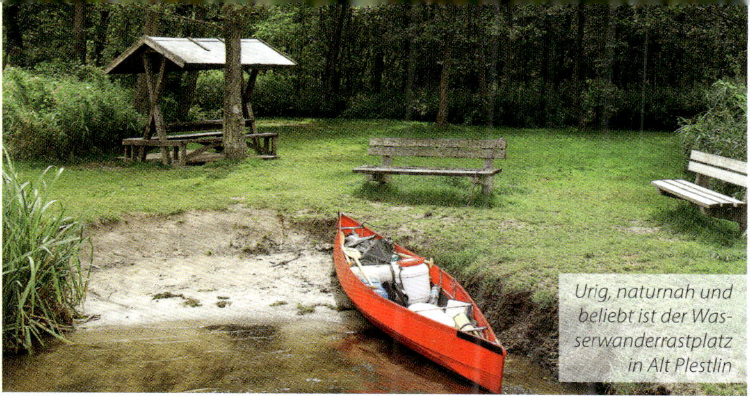

Urig, naturnah und beliebt ist der Wasserwanderrastplatz in Alt Plestlin

Runddorf angelegte Ort einst. Herzogin Sophie, geborene zu Braunschweig & Lüneburg, die 1592 das Loitzer Schloss als Witwensitz bezog, hielt sich gern und oft hier auf. Das Dorf gefiel ihr so gut, dass sie es bald darauf kaufte und ihm ihren Namen gab – ***Sophienhof****. Im Ortskern sind die* ***mittelalterliche Dorfkirche*** *und das in der Nähe stehende Naturdenkmal sehenswert; ein sogenannter „Schälchenstein", von dessen Vertiefungen Wissenschaftler annehmen, dass sie zur Aufnahme von Opfergaben dienten.*

Dorfladen & Café
0152-37 72 69 57
01520-952 00 66
Himmelfahrt, Pfingsten, Jun- Aug täglich 8.30-18.30 Weitere Öffnungszeiten Google Maps
dorfladen-sophienhof.de

Abgestorbene Bäume säumen die Ufer auf dem Weg zu dem an einem ehemaligen Verladehafen eingerichteten *Wasserwanderrastplatz (WC, Duschen, Grill)* von **Alt Plestlin**. Im Örtchen wartet die von einer Feldsteinmauer umgebene hübsche ***Kirche*** – *einzige offizielle* ***Wasserwanderkirche*** *Deutschlands (Schlüssel beim Hafenmeister, auf Wunsch abendliche Andachten) mit einigen Besonderheiten auf, wie zum Beispiel ein um 1300 stammendes Kruzifix, einer Madonna (Ende 15. Jh.) oder der Orgel von 1890 mit Pilastern und Rundbögen.* Nebenan kann man in der ***„Bücherstube"*** Bücher tauschen, 200 Meter westlich der Kirche gibt es den *Imbiss SnackZack.* Der neue ***Wanderweg „Ankerplätze im Peenetal"*** führt uns u.a. zum *„Teufelsstein"* und zeigt, was die Gegend sonst noch alles zu bieten hat.

km 51

WWR Alt Plestlin
01523-131 86 83

Wasserwanderkirche

Imbiss SnackZack

Eine besonders hübsche Bade- und Raststelle findet sich am linken Ufer auf Höhe des Dörfchens **Trissow.**

km 54,7

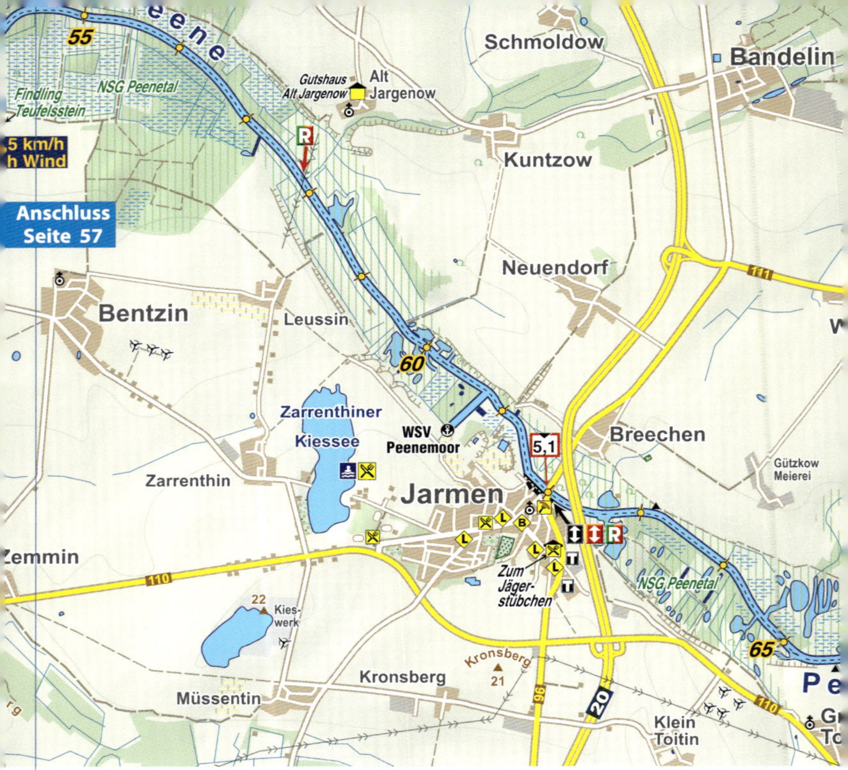

km 57,8 Der *Rastplatz* **Alt Jargenow** bietet sich an, um dem mit 20 Einwohnern kleinsten Dorf der Gemeinde, einen Besuch abzustatten. *Sehenswert ist die kleine* ***Renaissance-Kapelle*** *von 1625 mit einer von Roll- und Knorpelwerkschnitzereien verzierten Kanzel.*

Seerosenbestände, im Uferbereich blühende Orchideen und Sumpfdotterblumen begleiten den Paddler in dieser fast unberührt wirkenden Wasserlandschaft. Zwischen Erlen-Eschen-Wäldern schlängeln sich kleine Bachläufe in denen der Biber zu Hause ist, der Peene entgegen.

km 62 Das kleine, Mitte des 13. Jhs. gegründete Ackerbürgerstädtchen **Jarmen** kündigt sich schon von weitem durch die charakteristische Bogenbrücke und große, am Flussufer stehende Silos an. Kurz hinter der Brücke, noch vor der Autobahnbrücke, kann man hinter der *Kaianlage* rechts an einem kleinen *Steg (Imbiss am Hafen)* anlegen, um eventuelle *Einkäufe* zu tätigen.

Restaurant „Zum Jägerstübchen“
+ Imbiss am Hafen
(039997) 88 97 72
0151-15 64 80 01

km 68 Nach einigen Kilometern liegt rechts in einem mit der Peene verbundenen ***Baggersee*** eine *Badestelle*.

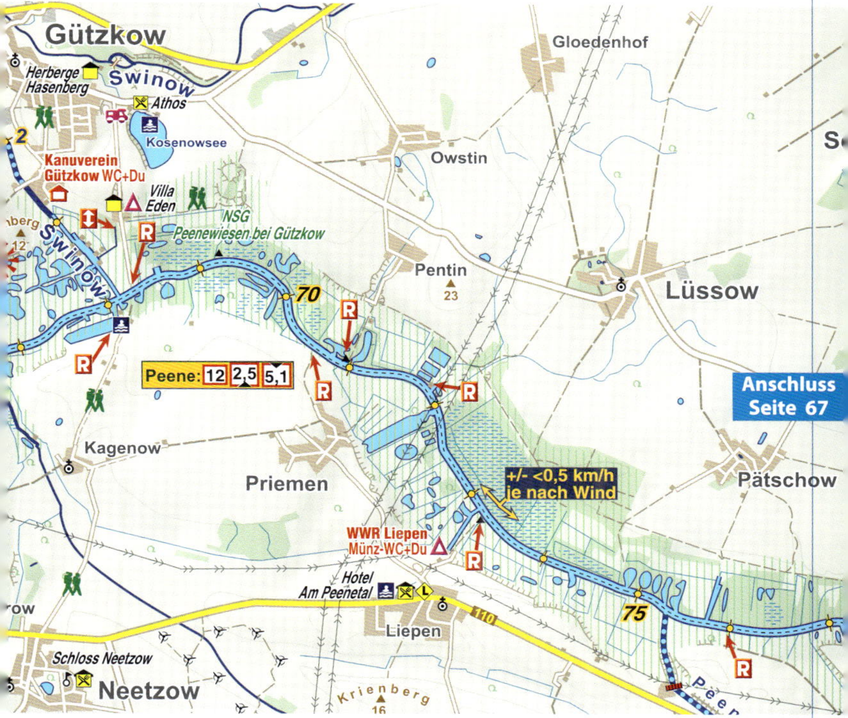

Gegenüber der Einfahrt zum Baggersee folgt man dem Flüsschen ***Swinow*** Richtung **Gützkow**, um zum Kanuverein oder zur „Villa-Eden-Peene“ zu gelangen.

Schon 1361 verband an dieser Stelle die Gützkower Fähre beide Seiten des Flusses. Mit dem Frieden von Stockholm im Jahre 1720 wurde das Fährhaus Grenzstation zwischen Brandenburg-Preußen und Schweden. Der Legende nach rettete der Fährmann dem Schwedenkönig

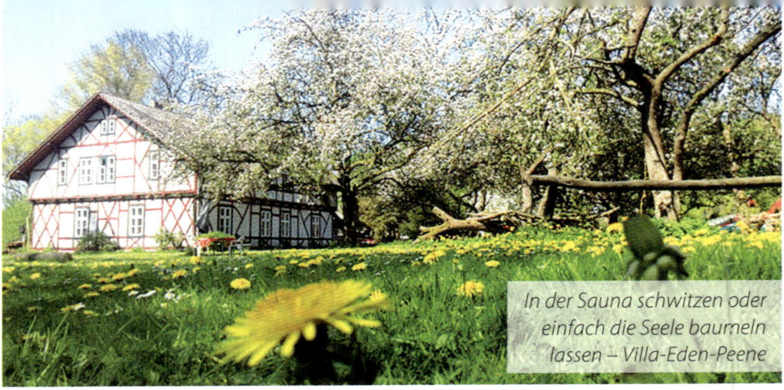

In der Sauna schwitzen oder einfach die Seele baumeln lassen – Villa-Eden-Peene

Karl XII. das Leben, als dieser bei seiner Rückkehr aus der Türkei auf dem Fluss kenterte. Dafür erhielt er die Fähre vom König als Geschenk.

km 0,5 (Swinow)

Nach 500 Metern auf der ***Swinow*** biegt man vor den Bootshäusern rechts in den, manchmal mit Entengrütze bewachsenen, Kanal. Ziel ist die am kleinen Kanal gelegene, sympathische ***„Villa-Eden-Peene"***.

Villa-Eden-Peene
0173-481 31 36
Biwak nach telef. Anmeldung

In dem mehr als 100 Jahre alten Fachwerkhaus nächtigt man wahlweise in gemütlichen Zimmern, auf dem Dachboden, im Tiny House, in der Jurte oder auf der Wiese im eigenen Zelt. Dort kann neben einer Lagerfeuerstelle auch eine Außenküche mit Lehmbackofen und Räucherofen genutzt werden. Gäste können in der Holzofen-Sauna im Garten schwitzen (anmelden). Im Sommer finden Workshops oder andere Events statt. Besonders beliebt ist das jährliche Apfel- und Erntefest. Die Villa-Eden ist auch Initiator des ***Kulturflosses***, das zur Hochsaison „Kultur ans Ufer" (vorwiegend Konzerte) der Peene bringt.

Umgeben von Wiesen, den Auenwäldern des Peenetals und einer einzigartigen Flora und Fauna ist das am Wasser gelegene Grundstück eine Perle. Der *Wanderweg* zu den bekannten *Gützkower Orchideenwiesen* liegt sozusagen vor der Tür.

NSG

Restaurant Athos
(038353) 77 97 99
11.30-14.30+ab 17

Von der Villa-Eden-Peene sind es 20 Minuten Fußweg zum ***Kosenowsee***, an dessen Ufer das *griechische Restaurant Athos* auf Gäste wartet.

Einen weiteren Kilometer die ***Swinow*** hinauf, gelangt man, sich immer links haltend, zum Gelände des *Kanuvereins Gützkow* (*WC, Duschen*). Eine lauschige Atmosphäre schaffen die in schwedenrot gestrichenen Holzhäuschen. Entweder man übernachtet im Zelt oder, wenn das Wetter mal nicht mitspielt, auf dem großzügigen Dachboden des Bootshauses.

km 1,5 (Swinow)

Kanuverein Gützkow
(038353) 277
0160-97 22 16 38
Anmelden!

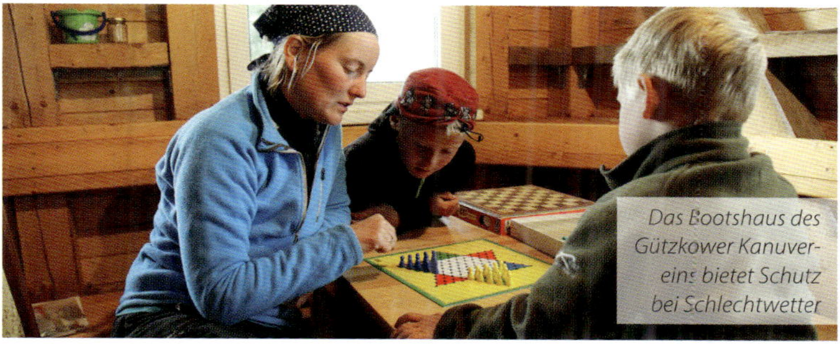

Das Bootshaus des Gützkower Kanuvereins bietet Schutz bei Schlechtwetter

Vom Kanuverein Gützkow sind es etwa ***1.500 Meter Fußweg*** ins Zentrum des geschichtsträchtigen Städtchens **Gützkow**, *das im Zusammenhang mit der Christianisierung Pommerns und dem Aufenthalt des nicht gerade zimperlichen Bischofs von Bamberg eine besondere Bedeutung erlangte.*

Auf den Ruinen einer von ihm auf seiner „Missionsreise" zerstörten slawischen Burg wurde im 13. Jh. Gützkow gegründet. Das markanteste Bauwerk, 1729 durch einen Stadtbrand fast völlig vernichtet, ist die 1737 wieder aufgebaute ***Stadtkirche St. Nikolai.***

Die Gegend lohnt für einen längeren Aufenthalt – z.B. für eine ***Wanderung*** jenseits der Peene über das Dörfchen **Kagenow,** mit der aus dem 15. Jh. stammenden ***Feldsteinkirche,*** nach **Neetzow** mit neogotischem ***Schloss*** (heute Hotel Garni, an einigen Sonntagen *„Musikalischer Sonntagsbrunch"*) und schönem ***Landschaftspark***.

Oder durch das ***Naturschutzgebiet „Peenewiesen bei Gützkow"***, das in seiner ökologischen Strukturvielfalt zu den wertvollsten Moorgebieten Mecklenburg-Vorpommerns zählt.

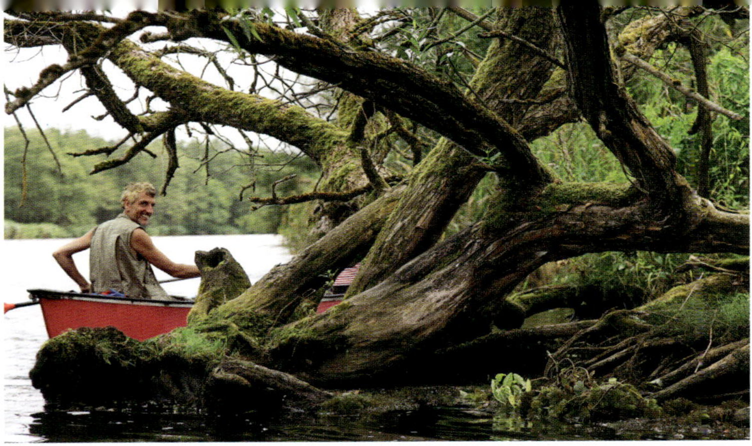

Zarrenthiner Kiessee

Wer ein Faltrad dabei hat: In rund 45 Minuten kommt man über Gützkow und Jarmen zum glasklaren ***Zarrenthiner Kiessee*** mit seinem sandigen Ufer. Am beaufsichtigten Badestrand gibt es eine Wasserrutsche, Strandkörbe und einen Imbiss.

Peene

Auf den folgenden Peene-Kilometern bieten sich immer wieder tolle ***Rast- und Bademöglichkeiten*** am sandigen Ufer.

km 73,2

WWR Liepen

Hotel-Restaurant „Am Peenetal"
(039721) 567 58

Rechts führt ein kleiner, von Entengrütze bedeckter ***Kanal*** Richtung **Liepen**, an dessen Ende sich im Hafen der *WWR Liepen* *(Münz-WC & -Dusche)* befindet. Noch einmal 600 Meter den Fußweg hinauf, kommt man zum ***Gutshof Liepen.*** Hier, im *Hotel & Restaurant „Am Peenetal"*, mit Zimmern im modernen Landhausstil, großem Wellness- und SPA-Bereich *(auch für Nicht-Hotel-Gäste)* mit Hallenbad und ambitionierter Regionalküche mit fairem Preis-Leistungs-Ver-

Der Naturparkweg – 900 km vom Schaalsee bis Usedom

Die Nordroute des Naturparkwegs E9a (Fernwanderweg quer durch Mecklenburg-Vorpommern) wird im Peenetal nach und nach mit Bohlenwegen ergänzt. Zwischen Kagenow – Priemen – Liepen ist er fast fertig. Teilstücke wie von Liepen zum Grüttower Grund oder nahe Anklam fehlen noch. In 4-5 Jahren soll der Peenetalabschnitt ein geschlossener Wanderweg sein.

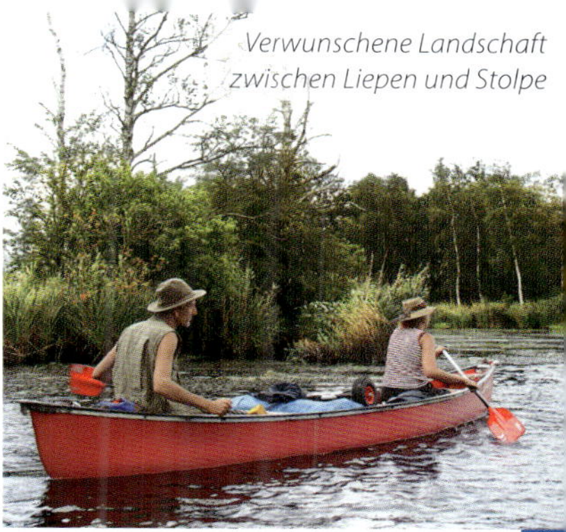
Verwunschene Landschaft zwischen Liepen und Stolpe

hältnis, melden sich auch Wasserwanderer an, die unten am Wasser ihr Zelt aufstellen wollen. Der im ehemaligen Speichergebäude untergebrachte ***Hofladen*** offeriert heimische Produkte – von hausgemachter Marmelade über Sirup, Gelee bis hin zum Holunderwein, Säften, Wurstwaren, handgemachte Seifen oder Wellnessartikel.

km 75,4

Vier Kilometer vor Stolpe zweigt rechts der ***Peene-Südkanal*** ab. Bleich am Ufer aufragende, abgestorbene Birken in umliegenden Bruchwäldern, Weiße Seerosen & Große Mummeln im Wasser geben einem das Gefühl in eine völlig andere Welt einzutauchen.

km 79,5

nur Kajak

WWR Stolpe
0176-210 58 588
hafenstolpe.de

Stolper Fährkrug
(039721) 522 25

In dieser verwunschenen Stimmung taucht der Anleger von **Stolpe** auf. Sicher einer der schönsten ***Wasserwanderrastplätze*** *(WC, Duschen, Imbiss)* dieser Tour. Nicht zuletzt auch wegen des historischen ***Gasthauses „Stolper Fährkrug"*** *(gute Küche, Anmeldung empfohlen),* von dessen sonnenbeschienener Terrasse man einen herrlichen Blick auf den Fluss hat.

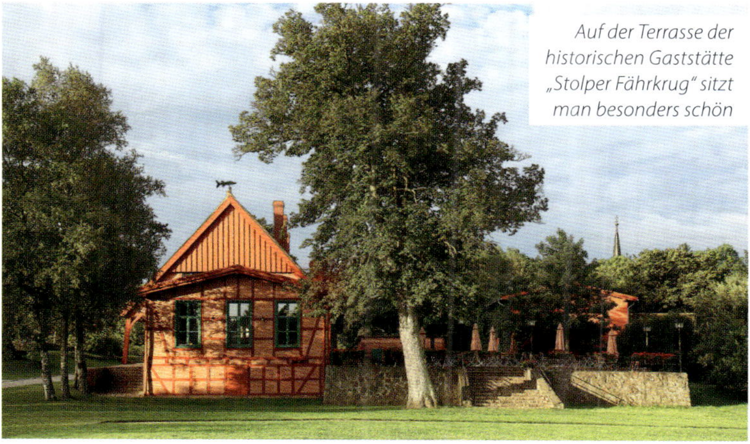
Auf der Terrasse der historischen Gaststätte „Stolper Fährkrug" sitzt man besonders schön

Obstfritzes Ferienhaus
(auch tageweise)
0179-145 00 80

Gutshaus Stolpe
(hochpreisig)
(039721) 55 00

Schon Fritz Reuter hatte erkannt, dass man hier ungestört arbeiten und sich erholen kann. Die neben dem „Fährkrug" liegende ***Klosterruine*** *regte ihn 1860 dazu an, „Die Urgeschicht von Meckelnbörg" zu verfassen. Als erstes Kloster in Pommern überhaupt, wurde es 1153 als Bastion zur Einführung des Christentums im Land der Slawen gegründet. Pommernfürst Wartislaw I. wurde 1135 von Stammesangehörigen ermordet, weil er Bischof Otto v. Bamberg auf seiner „Missionsreise" durch Pommern militärischen Schutz gab.*

An dem historisch bedeutsamen Ort mit den alten rohrgedeckten Häusern, dem Angerteich und Friedhof, kreuzt die Peene den einstigen Königsweg „Via Regia" von Hamburg nach Stettin.

Naturpark Flusslandschaft Peenetal
(039721) 56 92 90

Ein Stück weiter oben im Ort, vorbei an der *Wartislaw-Kirche*, haben im modernen ***Besucherzentrum „Naturpark Flusslandschaft Peenetal"*** die Naturparkverwaltung und die Ranger ihren Sitz. Es ist Anlaufpunkt für Touristen und Ausflügler und informiert mit einer ***Ausstellung*** über die Besonderheiten des Peenetals. Auf einer virtuellen Bootsfahrt erfährt man viel über Geschichte, Landschaft und Menschen der Region.

MV-Rad.de

An der ***MV-Rad-Station*** *(Infos Seite 73 & Seite 104)* kann man sich ein Rad mieten und herrliche Radtouren in die Umgebung z.B. bis in den Lassaner Winkel, Richtung Ückermünde oder Usedom machen.

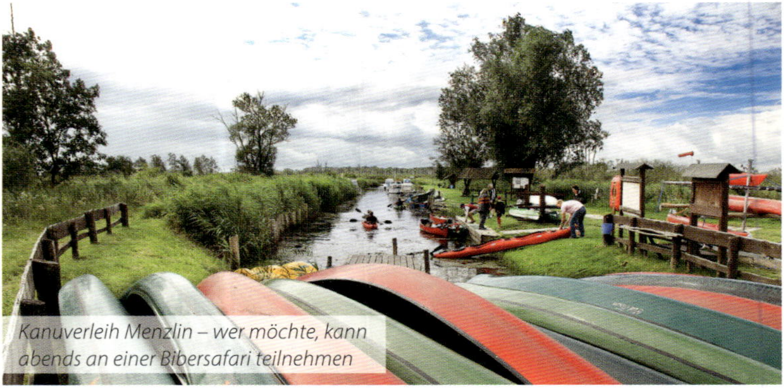

Kanuverleih Menzlin – wer möchte, kann abends an einer Bibersafari teilnehmen

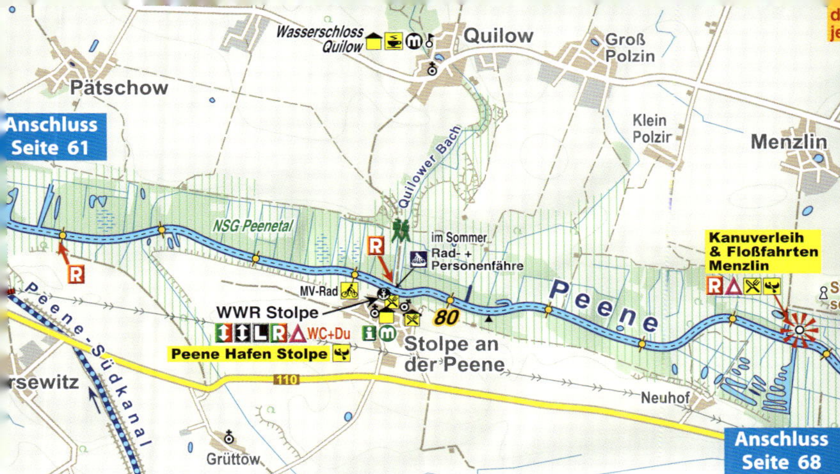

Den Anleger **Stolpmühl** gegenüber von Stolpe erreicht man in den Sommermonaten auch mit der auf Anforderung *(Glocke!)* verkehrenden ***Personen- & Radfähre***. *Früher existierte hier das von den Mönchen des Klosters Stolpe betriebene Mühlengut „Stolpmühl".*

Entlang des **Quilower Bachs** geht es durch reizvolles hügeliges Gelände dem Dorf **Quilow** entgegen. Das Renaissance-Herrenhaus ***Wasserschloss Quilow*** aus dem 16. Jh. – eine kleine Perle an der Peene – wurde mit Hilfe der Stiftung Kulturerbe restauriert und ist seit 2020 offen für Kunst und Kultur. Neben Ausstellung & Café *(2024 neue Betreiber, Kontaktdaten online erfragen)* gibt es günstige Zimmer im Verwalterhaus sowie nebenan die ***IFA Sammlung*** mit DDR-Autos *(Tel. anmelden: 0171-950 30 24)*.

Vier Flusskilometer weiter geht es links über einen ***Stichkanal*** zum alten Wikingerumschlagplatz **Menzlin**. Beim Kanuverleih Menzlin *(auch Boots- & Personentransfer)* erfährt man viel über Riten und Gebräuche der Wikinger und kann sich beim ***„Wiking Grill"*** *(9.30-18 Uhr)* stärken. Oder man schlägt sein Zelt auf und nimmt an einer ***Moorwanderung, Floßfahrt*** oder abends an einer ***Biber Entdeckungstour*** teil.

km 83,6

Kanuverleih & Floßfahrten Menzlin
0152-04 05 20 68

Nur einen Steinwurf entfernt, entdeckte man nach Grabungen auf einem Hügel ***schiffsförmige Steinsetzungen***, einer Grabform, die es eigentlich nur in Skandinavien gab. *Erkenntnissen zufolge gehören sie zu den*

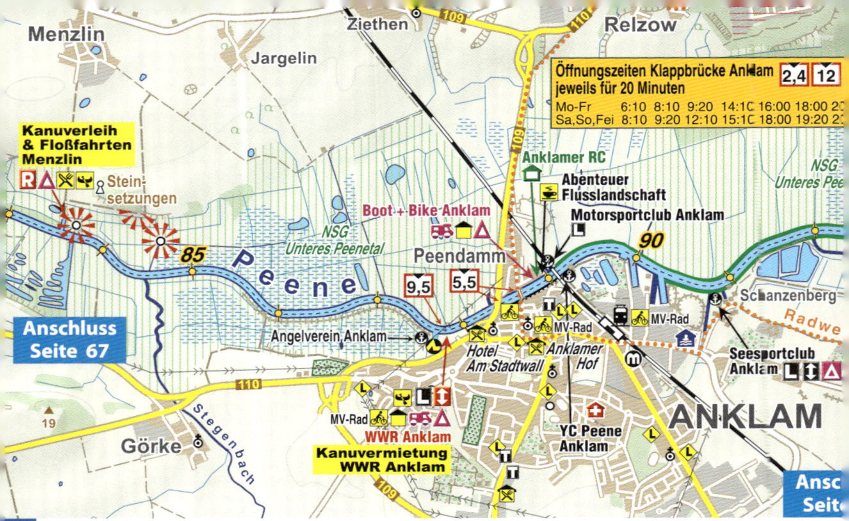

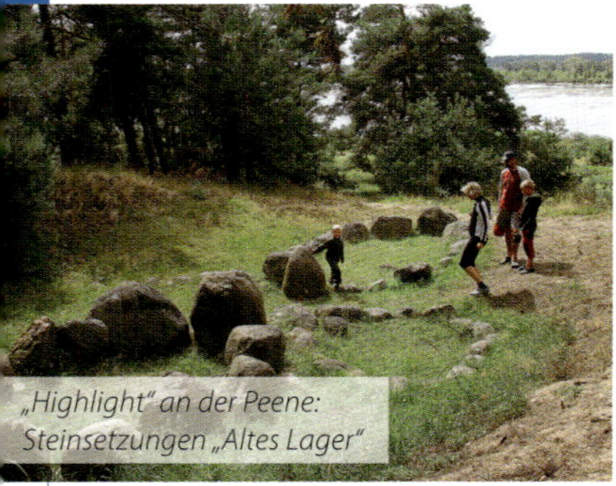

„Highlight" an der Peene: Steinsetzungen „Altes Lager"

sogenannten Frühstädten im Ostseeraum und sind bisher einmalige Funde im südlichen Ostseegebiet.

Das Peeneufer war hier seit der Jungsteinzeit bis in die Slawenzeit fast zu allen Epochen bewohnt, denn der Fluss bot ausgezeichnete Transportbedingungen. Im 9. und 10. Jh. lebten sogar slawische Siedler mit den Wikingern zusammen. Zahlreiche Bodenfunde weisen darauf hin.

km 83,6 Zurück auf der Peene passiert man die hölzerne ***Vogelbeobachtungsplattform Polder Menzlin***, breite Schilfgürtel säumen durchgehend das Flussufer. Dahinter liegt der **renaturierte Polder Anklam-Görke**, der vor Jahren nach einem Deichbruch geflutet wurde.

km 87,8
1,7 km
WWR Anklam
0162-520 22 02

Unvermittelt taucht die Silhouette **Anklams** in der Ferne auf. In einem kleinen Sportboothafen auf der rechten Flussseite findet man den ***Wasserwanderrastplatz Anklam*** *(WC, Duschen, Ein- & Aussetzen für Nicht-Gäste gegen kleinen Obolus von 1,50 €, Vermietung von Kanus & SUPs, auf Anfrage auch Transportmöglichkeit,*

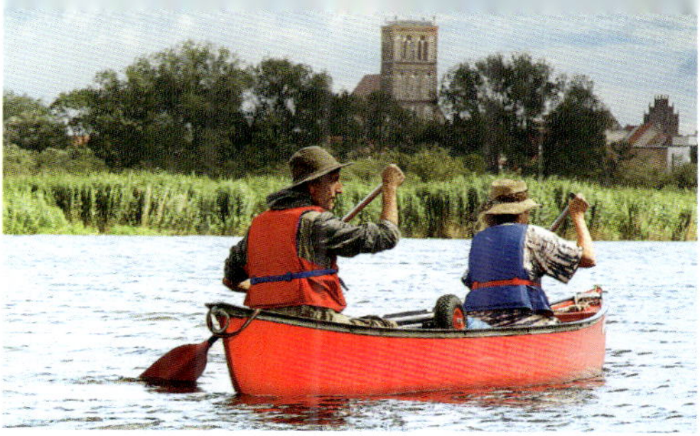

Fischimbiss und 2x in der Woche wird frisch geräuchert). Man kann nicht nur im eigenen Zelt, sondern auch im Holz-Pod oder Hausboot auf dem Wasser übernachten.

Auch *MV-Rad* hat hier eine Station *(Infos Seite 73 & Seite 104)* und der ***Bahnhof*** ist 1,7 km entfernt.

Zum *Hotel „Am Stadtwall"* sind es 350 Meter und nur wenige Schritte weiter ins Zentrum der Stadt. Wie so oft, vernichtete der Zweite Weltkrieg viele prachtvolle Bauwerke, aber trotzdem lohnt ein Stadtspaziergang. **Tipp:** *„Regio" mit Café –* Regionalladen *(9-18, Sa bis 16 Uhr)* in der Steinstraße 19 mit umfangreichem Sortiment regionaler Produkte.

MV-Rad.de

Hotel Am Stadtwall
(03971) 83 31 36

Regional-Laden
(03971) 293 45 59

Alternativ beendet man die Tour einen Kilometer weiter am linken Ufer bei *Boot & Bike Anklam,* 2oo Meter hinter der Fußgängerbrücke. Dort gibt es Übernachtungsmöglichkeiten in Cubes oder im eigenen Zelt, auf Anfrage kann auch die Sauna genutzt werden.

km 88,9

Boot & Bike Anklam
0173-481 31 36

Blick auf Anklam

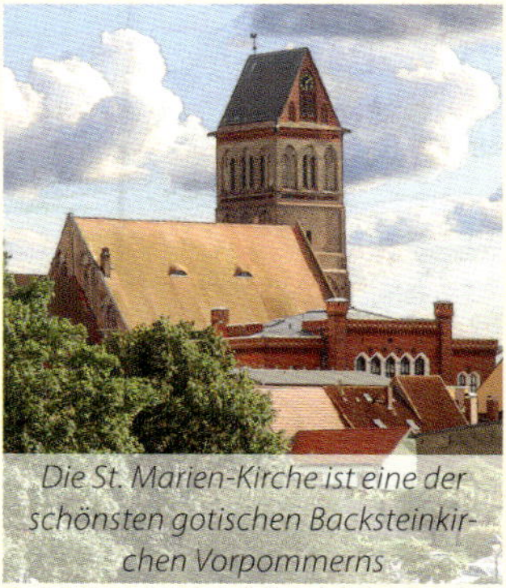

Die St. Marien-Kirche ist eine der schönsten gotischen Backsteinkirchen Vorpommerns

Möglicherweise entstand Anklam als von Mooren und Sümpfen umgebene Vorburgsiedlung von Groswin, dem Land zwischen Stolpe und Anklam, durch die Niederlassung von deutschen Siedlern zwischen 1180 und 1235. Eine urkundliche Erwähnung der ursprünglich „Tanglym" genannten Stadt, stammt von 1243. Die günstige Lage an der Peene, die sich hier mit dem bedeutenden Landhandelsweg der Hanse von Lübeck nach Nowgorod kreuzte, ließ den Marktort schnell wachsen.

Mit Lübischem Recht wurde die Stadt im Jahre 1283 Hansestadt. Insbesondere der Heringshandel auf den eigenen mittelalterlichen Handelsplätzen und vor der schwedischen Küste, brachte großen Reichtum. Gegen feindliche Übergriffe schließt Anklam 1339 ein 4-Städte-Bündnis mit den pommerschen Städten Stralsund, Greifswald und Demmin, denn der Landadel der umliegenden Gebiete neidete den Anklamern ihren blühenden Aufstieg. So kam es wiederholt zu blutigen Fehden und die Stadt war von zahlreichen Kriegen stark zerstört.

Mit der Ansiedlung von Kolonisten erholte sich Anklam nach dem Dreißigjährigen Krieg langsam. Von 1648 bis 1720 wehte über der Stadt und ganz Vorpommern die schwedische Flagge, bevor Anklam ab 1815 offiziell zu Preußen gehörte.

Eine lange Tradition besitzt über viele Jahre der Schiffbau. Durch die im 19. Jh. beginnende Industrialisierung erlebte Anklam einen sichtbaren Aufschwung. Erst der Zweite Weltkrieg brachte neben Tod und Elend auch eine verwüstete Stadt. Alliierte Bombenangriffe auf die russisch besetzte Stadt, hinterließen eine der am stärksten zerstörten deutschen Städte.

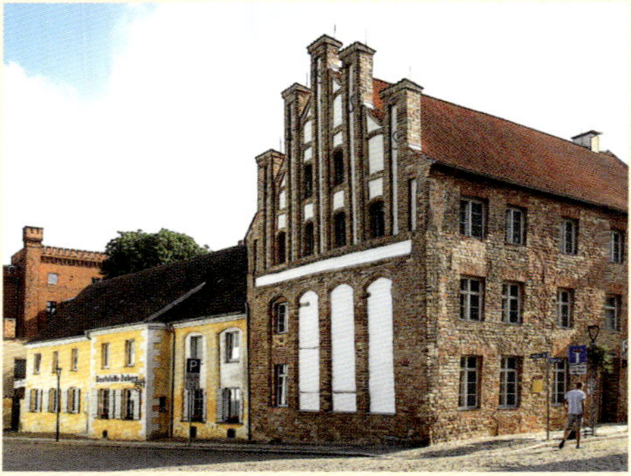

Tourist-Info im Rathaus, Markt 3, 17389 Anklam, Tel. (03971) 83 51 54, www.anklam.de

5 MV-Rad-Stationen *(UsedomRad):* Wasserwanderrastplatz, Hansequartier, Rathaus, Hotel Anklamer Hof, Bahnhof, www.MV-Rad.de

① ***Marienkirche.*** Eine der schönsten gotischen Backsteinkirchen Mecklenburg-Vorpommerns (13. Jh.) mit Fresken.

② ***Gotisches Giebelhaus.*** Backsteinbau, ältestes Bürgerhaus, bereits 1406 erwähnt. Nebenan: Gaststätte Dabers Anklam.

③ ***Altes Gymnasium.*** Im neogotischen Stil 1850 erbaut. Schüler war Flugpionier Otto Lilienthal.

④ ***Garnisonskirche.*** Für eine preußische Garnison 1738-41 erbaut.

⑤ ***Wohnhaus der Familie Lilienthal*** von 1852-64, erste Flugversuche im Hof.

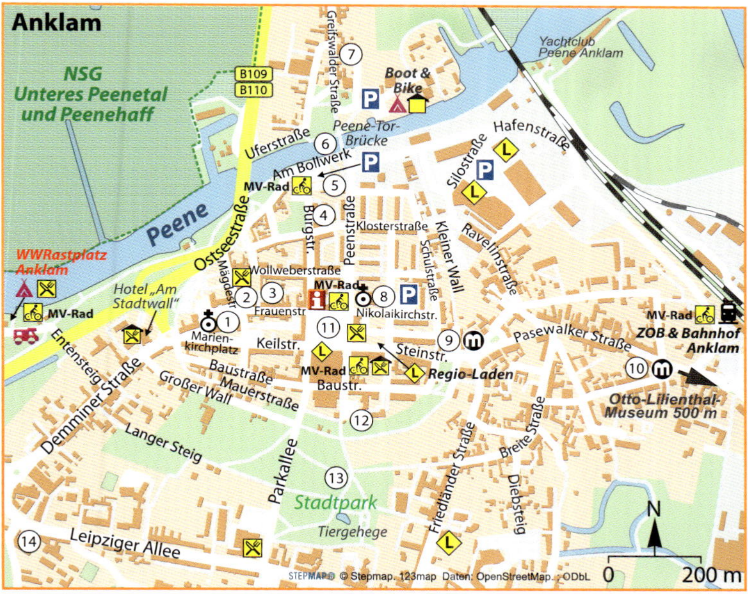

⑥ ***Peene-Tor-Brücke.*** Holzbrückenkonstruktion mit zwei Pylonen.

⑦ ***Wesselsche Mühle.*** Holländerwindmühle von 1728 mit hausartigem Unterbau. Die sogenannte „Schwedenmühle" öffnet zu Veranstaltungen.

⑧ ***Nikolaikirche.*** 1280 errichtet, 1945 durch Bombardierung weitgehend zerstört, durch einen Förderkreis teils wieder aufgebaut. Besonderheit: wertvolle mittelalterliche Freskenmalereien, Grabplatten & Taufstein.

⑨ ***Steintor.*** Um 1250 errichtetes 32 Meter hohes Tor der Backsteingotik mit ***Regionalmuseum.*** Schulstr. 1, *Jun-Sep tgl. 10-17, Okt+Mai Di-Fr 10-17, Sa, So, Fei 13-15.30, Eintritt: 2,50 €.*

⑩ ***Otto Lilienthal Museum.*** Dem Flugpionier und Sohn der Stadt gewidmet. Ellbogenstr. 1, Tel. (03971) 24 55 00, *Mai-Okt Mo-Fr 10-17, Sa+So 13-17, Nov-Apr Mi-Fr 11-15.30, So+Fei 13-15.30, Eintritt: 4,50 € / 3,50 €.*

⑪ ***Marktplatz.*** Sogenannte „Jahrhundertbänder" führen Schritt für Schritt durch die Historie der Stadt.

⑫ ***Pulverturm.*** Um 1450 als Teil der Befestigungsanlage erbaut. Der Sonnenfleckenforscher Gustav Spörer nutzte ihn 1866-74 als Sternwarte.

⑬ ***Stadtpark.*** Mit Pulverturm & Resten der mittelalterlichen Wehranlage.

⑭ ***Landesbühne Anklam.*** 1738 als Schützenhaus erbaut.

Infos zur Kanutour Peenestrom: Anklam – Peenemünde

Aktivitäten	Natur	Kultur	Baden	Hindernisse
★★☆☆	★★★☆	★★★☆	★★☆☆	☆☆☆☆

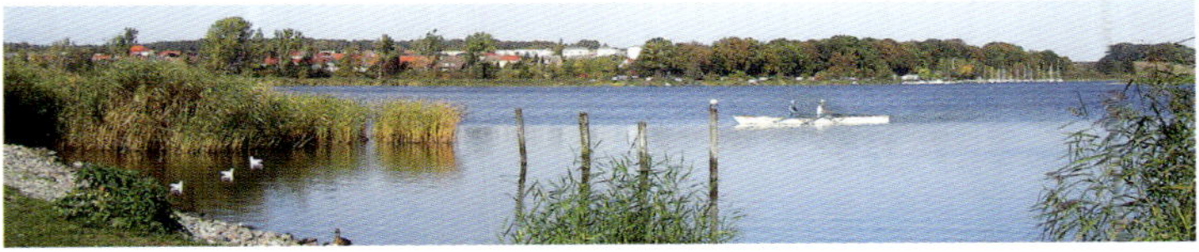

Charakter des Peenestroms

Östlich von Anklam mündet die Peene in einem weit geöffneten, späteiszeitlichen Flussbett in den Peenestrom. Die Ufer sind auf der gesamten Strecke stark verschilft, so dass sich wenige Anlandemöglichkeiten bieten. Dies und die Tatsache, dass man auf meerähnlichen, riesigen Wasserflächen unterwegs ist, muss bei der Tourenplanung berücksichtigt werden.

Sowohl im idyllischen *Lassaner Winkel,* als auch im *Naturpark Usedom,* insbesondere dem *Lieper Winkel,* lohnen Ausflüge per Rad oder zu Fuß. In der alten Kulturlandschaft um Lassan *(Lassaner Winkel),* hat sich ein Netzwerk kleiner und großer Initiativen von Kunst bis Handwerk gebildet.

Weiter Richtung Norden lädt die sanierte historische Innenstadt von *Wolgast* mit zahlreichen Sehenswürdigkeiten zur Besichtigung ein. Die Tour endet schließlich im ehemaligen Militärhafen *Peenemünde*. Wer jetzt noch einen kleinen Badeurlaub anschließen möchte, dem seien die herrlichen *Sandstrände* auf Usedom oder in Freest empfohlen.

Wegen ihres Vogelreichtums wurden die der Mündung des Peenestroms vorgelagerten Sandbänke, die *Halbinsel Struck* und die *Insel Ruden* schon 1925 unter Naturschutz gestellt.

Sehenswürdigkeiten *(in der Reihenfolge des Routenverlaufs)*

Anklam: *Stadtrundgang* Seite 69.

Karnin: *Ehemalige Eisenbahnhubbrücke* (1933); ***Lotsenturm*** (Hotel).

Usedom Stadt: Dreischiffiger Backsteinbau ***Stadtkirche St. Marien*** (Ende 15. Jh.) mit Grabplatten des pommerschen Herzogs Ratibor I. und Gemahlin Pribislawa; ***Anklamer Tor*** (1450, ältestes Bauwerk der Stadt) mit ***Heimatstube.***

Lassan: *Heimatmuseum Lassaner Mühle* (Stadtgeschichte, Mühlenhandwerk, Fischerei und Seefahrt); ***gotische Backstein-Stadtkirche St. Johannis*** (13./14. Jh.); reizvolle langgestreckte *Altstadt.*

Bauer-Wehrland: *Kirche St. Nikolai* (13. Jh.) mit barocker Deckenmalerei.

Wolgast: *Hafentage* am 1. Juliwochenende; *Stadtrundgang* Seite 89.

Kröslin: *Kirche* (13 Jh.) mit Freester bzw. Pommerschen Fischerteppich.

Peenemünde: *U-Boot Museum; Historisch-Technisches Museum* (Heeresversuchsanstalt); *Museum Phänomenta; Spielzeugmuseum.*

Freest: Hübscher *Fischereihafen; Heimatmuseum; Räucherei Thurow* von 1891 (älteste Fischräucherei Vorpommerns mit denkmalgeschützten Altonaer Öfen); *Fischerfest* (Anfang August).

Weitere Aktivitäten entlang der Route

Paddeln

- Für erfahrene Paddler mit dem ***Seekajak rund um Usedom.***
- Von **Anklam** ***über das Stettiner Haff nach Ueckermünde*** und von dort (einfach und familientauglich) weiter über **Prenzlau** in den ***Ober- und Unterucker-see*** *(siehe KANU KOMPASS „Mecklenburg-Vorpommern" | „Dänische Südsee, Deutsche Ostsee").*

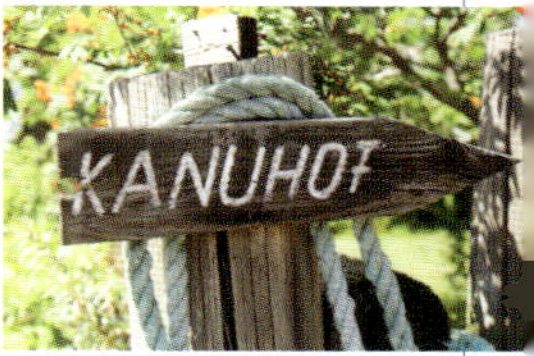

Wandern

- Von **Kamp** *(kleiner Ort am Haff 10 km östlich von Anklam)* ins ***NSG Anklamer Stadtbruch,*** mit ca. 1.460 Hektar Deutschlands größter Moorwald, Hunderte brütende Kormorane und größte Seeadlerdichte Mitteleuropas. Einkehr im *Gasthaus „Zum Mühlengraben"* in **Bugewitz** (Konzerte, Lesungen, Theater, usw.), *ca. 13 km hin und zurück.*
- **Lassan** – ***Berliner See*** – **Buggenhagen** – ***Große Heide*** – **Lassan:** Baden am tiefen Berliner See, ***Till Richter Museum*** für zeitgenössische Kunst im Buggenhagener Schloss, *ca. 10 km Rundtour.*
- Reizvolles ***NSG Südspitze Halbinsel Gnitz*** (offene Buschlandschaft, mit Salzgraswiesen, Schilfgürteln und kleinen Stränden) auf **Usedom.**

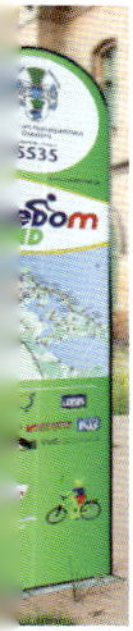

Radvermietung MV-Rad APP *(Touren- & Kinderräder, E-Bikes)*
Zu MV-Rad gehören auch die regionalen Systeme **StadtRad Anklam, & Wolgast, UsedomRad, Pedelec Power Usedom uvm:** In der gesamten MV-Region *(z.B. Stolpe/Peene, Usedom, Peenenmünde, Wolgast, Freest)* kann man sich an jeder **MV-Rad-Station** ein Rad mieten und es an jeder anderen Station wieder abgeben (One-Way). **Ausnahme E-Bikes:** Diese können nur an den Pedelec Power Station ausgeliehen und abgeben werden. **www.mv-rad.de**

Jedes System hat eine **Infoline.** Um MV-Rad nutzen zu können, braucht man die **MV-Rad App** und muss sich **einmalig registrieren** (6,- € zur Verifizierung, stehen sofort als Gutschrift zur Verfügung).

Radtouren

- **Peenemünde** – *Fähre nach* **Freest – Wolgast – Lassan – Anklam** *ca. 43-50 km je nach Route* (z.B. als Möglichkeit mit einem gemieteten MV-Rad „zurück zum Pkw / Start der Kanutour", *siehe Seite 73 & Seite 104*).

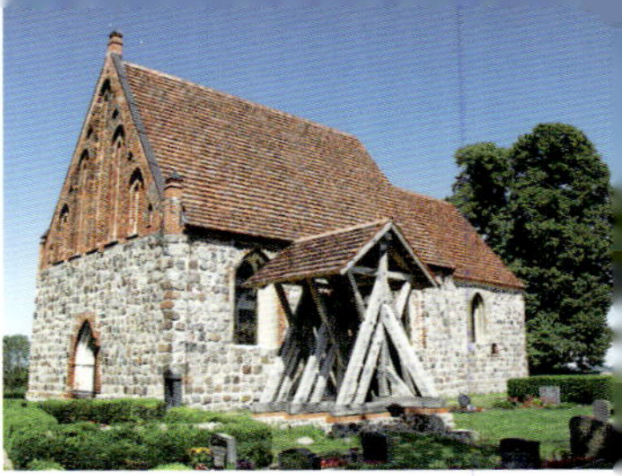

- **Lassan – Papendorf** (lohnender Duft- & Tastgarten) **– Pulow** (Handweberei und Kräutergarten) **– Bauer-Wehrland** (Kirche aus dem 13. Jh. *(Foto oben)* mit weitem Blick auf den Peenstrom) **– Lassan**, *ca. 22 km Rundtour.*

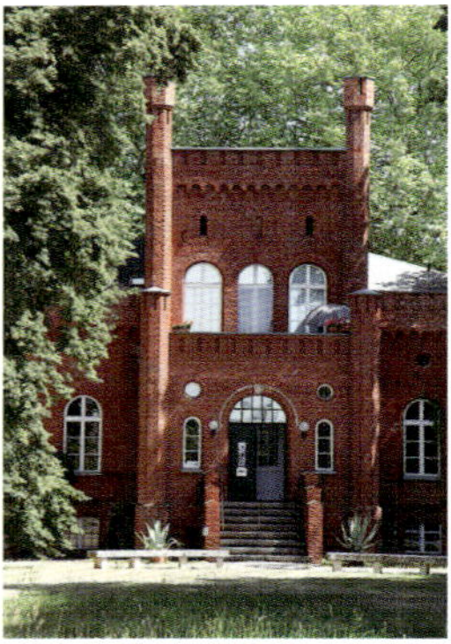

- **Lassan – Pinnow** (hübsche Kirche um 1400 mit reicher Innenausstattung, Abstecher zum Baden am Pinnower See, empfehlenswertes ***Gast- & Logierhaus „Zur Linde"*** mit leckeren Wildgerichten und tollem Kuchen) **– Libnow** (Herrenhaus *(Foto links)* mit Kunstgalerie und hübschen Gästezimmern, nebenan Bioladen) **– Lassan** *(⟷ ca. 20 km).*
- Von **Rankwitz** auf Usedom zur ***Suckower Eiche, Kirche Liepe*** (ältester Kirchenbau der Insel), ***Kirche Morgenitz*** mit der Gruft des Obristen von Borcke. Erkundung der ***Halbinsel Lieper Winkel*** mit ihren stillen Dörfern.

Bootsbau-Workshop: Holzkanus bauen in **Peenemünde** bei Bootsbaumeisterin Ursula Latus, Tel. (038371) 256 59, www.boot-workshop.de

Lohnende Ausflüge: Swinemünde; Greifswald; Ab Peenemünde, Karlshagen oder Freest zu den Inseln ***Ruden*** oder ***NSG Greifswalder Oie.***

Etappenvorschlag Anklam – Peenemünde (54 km)

1. Tag: Anklam – Kamp (Wasserwanderrastplatz)	14 km
2. Tag: Kamp – Lassan (Wasserwanderrastplatz)	22 km
3. Tag: Lassan – Wolgast (Wasserwanderrastplatz)	16 km
4. Tag: Wolgast – Peenemünde (Wasserwanderrastplatz)	10 km

Adressen

Adressen zu Übernachtung, Kanu-, Radvermietern usw. am Peenestrom finden Sie im Adressteil in alphabetischer Ortsreihenfolge ab Seite 98.

Kanutour Peenestrom – Von Anklam nach Peenemünde

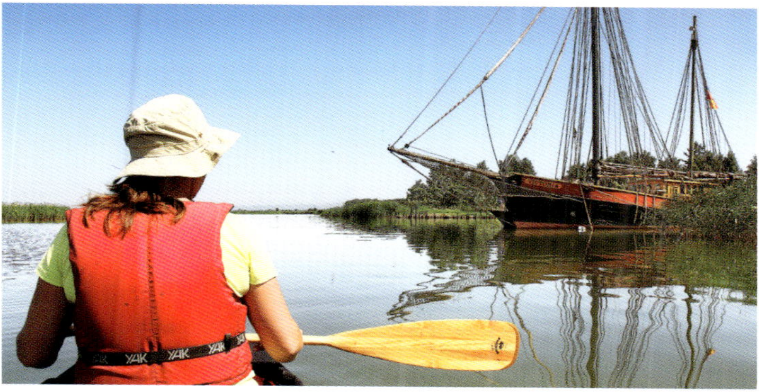

Die Hafeneinfahrt von Zecherin, kurz vor Karlshagen, liegt versteckt im Schilf

Anreise Pkw A 20 Rostock–Stettin, Abfahrt 29 (Anklam), erst B199, dann B110 nach **Anklam.** Im Ort links ab in *Entensteig* Richtung Wasserwanderrastplatz.

Anreise ÖPNV Mit RE / ICE nach **Anklam**. Vom Bahnhof 1,7 km zum Wasserwanderrastplatz (Kanuvermietung).

Einsetzstelle Anklam

Wasserwanderrastplatz, *Entensteig 1 a* (Ein- & Aussetzen 1,50 €).

Aussetzstelle Peenemünde

Marina MRV Peenemünde oder auf der ***„Halbinsel Peenemünde“,*** *Fährstraße 9.*

Zurück zum Pkw

Peenemünde – Anklam: Mit der ***Regionalbahn*** (ca. 1:35 h) mit Umstieg in Zinnowitz und Züssow. Vom Bahnhof Anklam 1,7 km zum WWR.

Alternativ mit **MV-Rad** (mieten in Peenemünde oder anderen Ort auf Usedom oder Freest, abgeben in Anklam, *(43-50 km je nach Route).*

Peenemünde – Malchin: Mit der ***Regionalbahn*** (ca. 3:30-4 h). 3 x umsteigen: in Zinnowitz, Züssow, Pasewalk.

Länge & Dauer 54 km. Mit „Schlenker“ nach Kamp 62 km. Insgesamt sollte man mindestens 3-4 Tage planen.

Bootswagen

Hilfreich für Transporte zur Übernachtungsstelle oder vom oder zum Pkw.

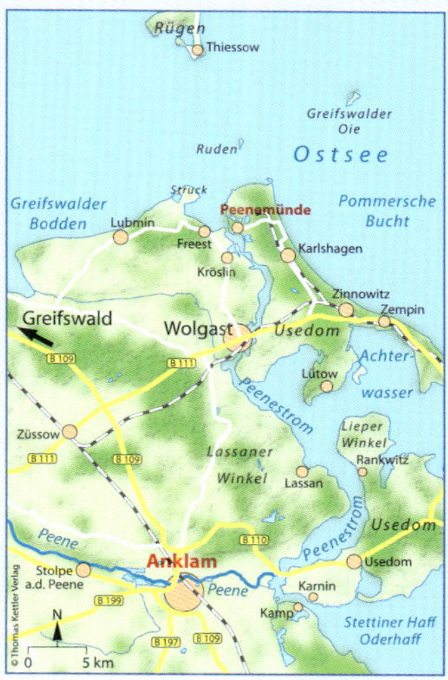

km 87,8

1,7 km

WWR Anklam & Kanuvermietung
0162-520 22 02

MV-Rad.de

Einsetzen am Steg des komfortablen *Wasserwanderrastplatzes Anklam* (*Ein-/Aussetzen gegen Obolus von 1,50 €*). Hier werden auch Canadier, Kajaks und SUPs vermietet. 2x die Woche wird frisch geräuchert und täglich steht ein *Fischimbiss* auf dem Platz. Gemütlich übernachten lässt es sich im schönen hölzernen Wohn-Pod oder Hausboot auf dem Wasser oder im eigenen Zelt. Der ***Bahnhof*** ist 1,7 km entfernt.

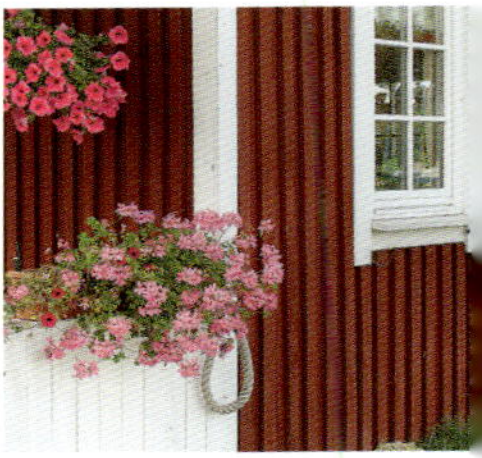

km 88,7

Man unterfährt die hölzerne Peene-Tor-Brücke, die im Stadtgebiet der Hansestadt **Anklam** zwischen Straßen- und Eisenbahnklappbrücke den Fluss überspannt und nur von Fußgängern und Radfahrern zu nutzen ist. Sie wird wegen ihrer beiden Pylonen auch liebevoll „Kleine Golden Gate" genannt.

km 88,9

Boot & Bike Anklam
0173-481 31 36

Die Hafenanlage im Blick, passiert man 200 Meter weiter den Steg von *Boot & Bike Anklam.* Hier kann im Zelt, in einem der neun hölzernen Cubes oder im Hausboot übernachtet werden. Nebenan, im Flusscafé von *„Abenteuer Flusslandschaft"* beobachtet man in lauschigen Sitzecken bei hausgebackenem Kuchen oder Fischbrötchen das Treiben auf dem Wasser.

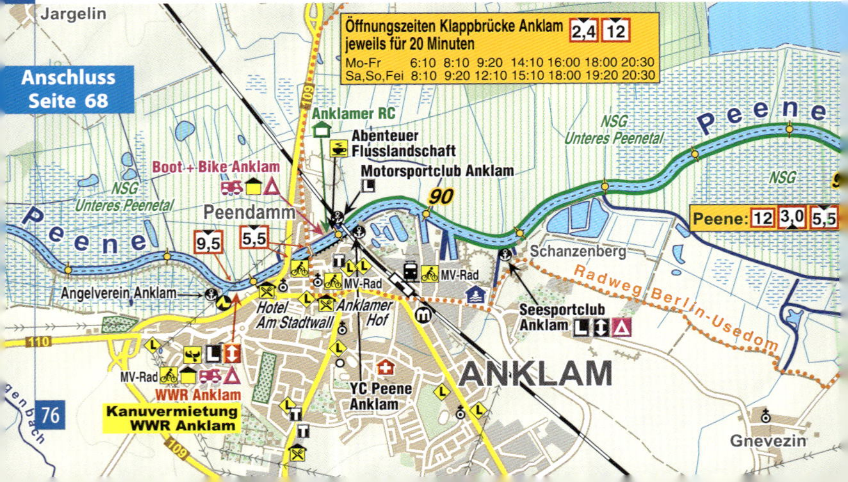

Hinter der Eisenbahnklappbrücke ist man bald im ***Naturschutzgebiet „Unteres Peenetal"**, dem größten zusammenhängenden Moorkomplex Mecklenburg-Vorpommerns. Das für Menschen fast unzugängliche Gebiet gehört zu den artenreichsten Rückzugsgebieten des Peenetals und ist eines der Hauptbrutgebiete für selten gewordene Vogelarten wie Kranich, Sumpfohreule, Große Rohrdommel, Blaukehlchen und Rohrweihe.* **NSG**

Die nächste Anlege-/Übernachtungsmöglichkeit, ohne den Peenestrom zu queren, gibt es erst Richtung Haff nach 12 km am Wasserwanderrastplatz Kamp.

km 98 Peene = km 121,8 Peenestrom (Festland)

Daher gilt es, an der ***Mündung*** der ***Peene*** in den ***Peenestrom*** zu entscheiden, ob man einen Abstecher nach Südosten zum WWR im Örtchen **Kamp** unternimmt oder gleich nach Norden paddelt, dem eigentlichen Tourenverlauf folgend.

Bitte beachten: Die ***Inselseite (Usedom)*** und die ***Festlandseite*** des *Peenestroms* haben je eine ***eigene Kilometrierung***. Wegen der „Seitenwechsel" haben wir in der Tourenbeschreibung zur besseren Orientierung die unterschiedlichen Kilometerangaben in der Randspalte mit dem Zusatz **(Usedom)** und **(Festland)** versehen. Die **Kilometer** zählen runter und beginnen in **Karnin (Usedom)** mit **km 134 / Kamp (Festland)** mit **km 125**.

Der Peenestrom ist, im Gegensatz zur Peene, ***keine Bundeswasserstraße,*** daher sind die Kilometer in der Karte und Randspalte nicht mehr **schwarz** dargestellt, sondern nun **blau**.

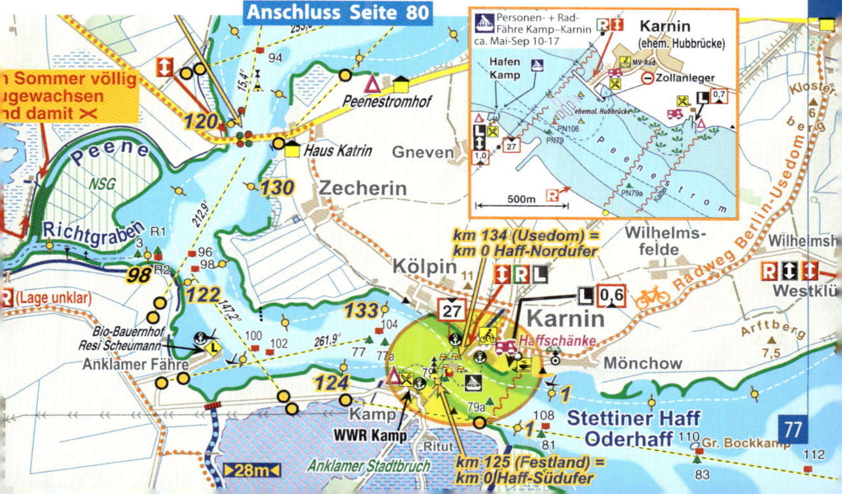

Abstecher auf dem Peenestrom nach Südosten

km 122,8 (Festland)

Nach etwa 1 Kilometer auf dem ***Peenestrom*** Richtung Stettiner Haff gelangt man zum Fischerdorf **Anklamer Fähre**, einer Ansiedlung auf einer Halbinsel im Mündungsgebiet der Peene. *Jahrhundertelang war das abgelegene Fleckchen wegen der morastigen Umgebung nur mit einer Fähre und in trockenen Sommern mit Pferdewagen zu erreichen.* Heute führt natürlich eine Straße nach Anklam.

Bio-Bauernhof Resi Scheumann
(03971) 24 54 80

Bis nach Hamburg und Berlin sind die ***handgemachten Bio-Milchprodukte*** wie Quark, Käse, Kräuterfrischkäse von der über 80-Jährigen Resi Scheumann bekannt. Wer Glück hat, bekommt auch frisch gebackenen Kuchen.

km 124,9 (Festland)

WWR Kamp Hafenverein
0151-59 83 88 78

Man erreicht nach gut zwei weiteren Kilometern den ***Wasserwanderrastplatz*** *(WC, Duschen)* von **Kamp**. Der überaus sympathische Platz des beschaulichen alten Fischerdorfs verdankt seine Bekanntheit der ***Karniner Hubbrücke***. Auf dem Wiesengelände finden viele Zelte Platz und am Abend laden eine überdachte Sitzecke und ein Grillplatz zum Verweilen. Kleine Gerichte *(Fisch-*

Ein besonderes Erlebnis ist eine abendliche ***Wanderung*** auf dem ehemaligen Bahndamm in die Bruchwälder des ***NSG Anklamer Stadtbruch*** *(Mückenschutz mitnehmen!). Eine artenreiche Pflanzen- und Tierwelt ist dort zu bestaunen. Neben Hunderten von Kormoranen, sieht man auch Fisch- und Seeadler, Milane, Wespenbussard, Kranich und Wendehals. Sogar Biber und Fischotter sind im Gebiet heimisch.*

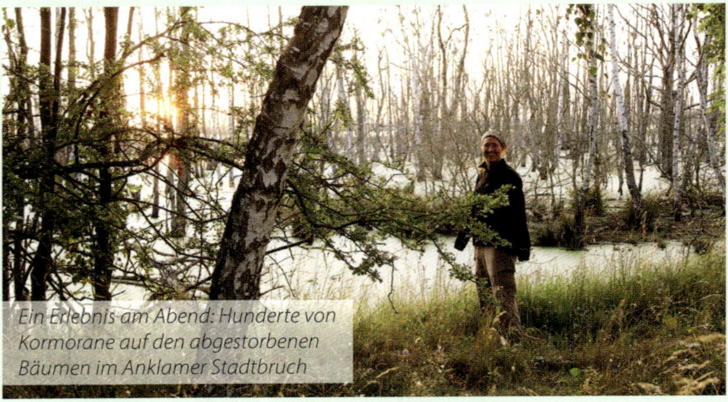

Ein Erlebnis am Abend: Hunderte von Kormorane auf den abgestorbenen Bäumen im Anklamer Stadtbruch

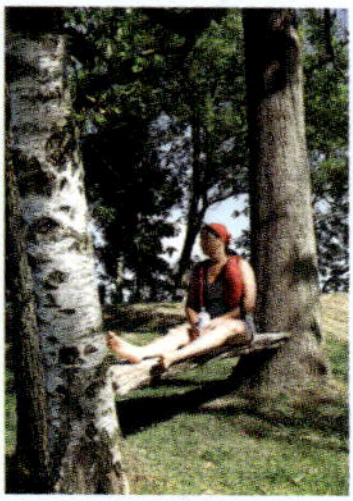

brötchen, Wurst und Pommes) bietet der Mi-So bis 17 Uhr geöffnete *Imbisswagen*. Wer Glück hat, ist im Sommer an einem der Wochenenden auf dem Platz, an dem der eng mit dem Ort verbundene Berliner Künstler und Liedermacher Hans-Eckardt Wenzel eines seiner Konzerte gibt – ein echtes Highlight!

Personen- & Fahrradfähre Kamp – Karnin
Ende Apr-Anf. Okt ab ***Kamp*** *jede volle Stunde 10-17Uhr ab* ***Karnin*** *jede halbe Stunde 10.30-16.30 Uhr*

Etwa einen halben Kilometer ist es zu dem auf der anderen Seite des ***Peenestroms*** gelegenen Ort **Karnin** auf ***Usedom***, der mit Kamp durch eine solarbetriebene ***Personen- & Fahrradfähre*** (www.reederei-peters.de) verbunden ist. Den 1936 errichteten ehemaligen und einzigen ***Lotsenturm*** Vorpommerns, kann man als exklusive Übernachtung buchen. Die ***Marina Karnin*** hat einen ***Wasserwanderrastplatz*** *(WC, Duschen, Imbiss, Waschmaschine)* und eine ***MV-Rad-Station.***

km 134 (Usedom)

Hafen Karnin
0170-477 63 66

MV-Rad.de

Die ***Karniner Hubbrücke*** *(Foto), 1933 als modernste Hubbrücke Europas fertiggestellt, war Bestandteil der von Berlin nach Swinemünde führenden Bahnstrecke. Die 360 Meter lange Fünfbogenbrücke wurde 1945 zerstört und nur der mittlere, bewegliche Teil, die Hubbrücke selbst, blieb als technisches Denkmal mitten im Peenestrom stehen. Seit vielen Jahre gibt es Überlegungen zum Wiederaufbau, da die vier Stunden betragende Fahrzeit zwischen Berlin und Usedom sich auf zwei Stunden verkürzen könnte.*

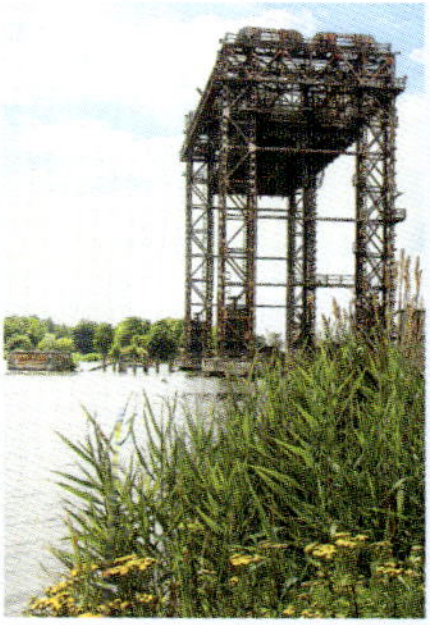

Käseliebhabern sei eine ***Tour*** nach **Welzin** zur ***Inselkäserei*** empfohlen*(s. Karte S. 81)*. In der ***Schaukäserei*** lässt sich der Käser Steffen Schultze beim handwerklichen Käsen nach Schweizer Rezepturen über die Schulter schauen. Neben Verkauf des hervorragenden Käses, kann man dort auch lekker essen *(↔ über Usedom Stadt, ca. 22 km).*

Inselkäserei Usedom
(038372) 761 39
Mo-Sa 10-16
So 13-16
www.inselkaese.de

Zwischen Hubbrücke und Karnin geht es nun am Ufer von Usedom entlang, wieder Richtung Peenemündung. An den verschilften Ufern gibt es auf den nächsten 4,5 Kilometern praktisch keine Anlegemöglichkeit!

km 129,5 (Usedom)

Haus Katrin
booking.com

km 127,8 (Usedom)

Peenestromhof Peters
(038372) 706 49

Sowohl das *Haus Katrin* *(ehemals „Peene-Idyll")* an der ***Zecheriner Klappbrücke*** als auch, knapp zwei Kilometer weiter, der hübsch gelegene *Peenestromhof Peters* bieten Übernachtungen an. Letzterer im Zimmer, im eigenen Zelt oder in Ferienwohnungen. Der kinderfreundliche Hof hat einen Spielplatz mit Trampolin, Klettergerüst und Schaukel sowie etliche Tiere wie Pferde, Hühner, Katzen. Es gibt auf dem Grundstück auch eine Bademöglichkeit sowie eine Sonnenliegewiese, Angelmöglichkeit, Grill- und Lagerfeuerstelle am Peenestrom und für Schlechtwettertage gar eine Sauna. Mit hauseigenen Fahrrädern kann man wunderbar die Insel erkunden.

km 122,3 (Usedom)

Die kleine, naturbelassene ***Badestelle*** von Usedom (Ort) liegt in einer ruhigen, reizvollen Landschaft. Über einen etwa zwei Kilometer langen Feldweg gelangt man von hier in die Stadt **Usedom**. Der Besuch des hübschen Städtchens mit seiner über 700-jährigen Geschichte ist allemal lohnend.

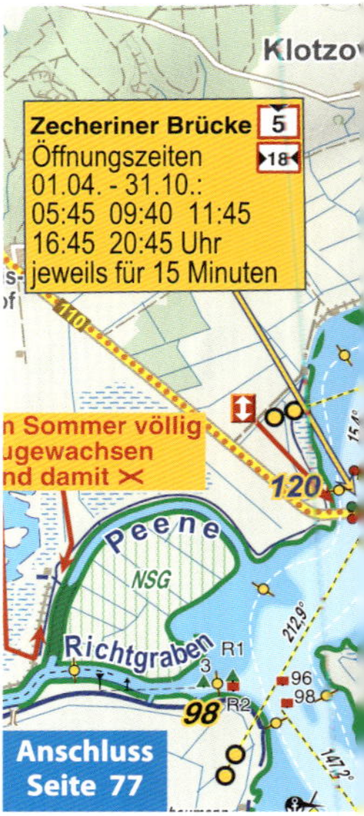

Bis weit in das 13. Jh. hinein war die Stadt Usedom ein überregionaler Handelsplatz und Handwerkerzentrum, Herzogsitz wie auch Klosterort und zeitweiliger Bischofssitz und eine der führenden Niederlassungen an der südlichen Ostseeküste.

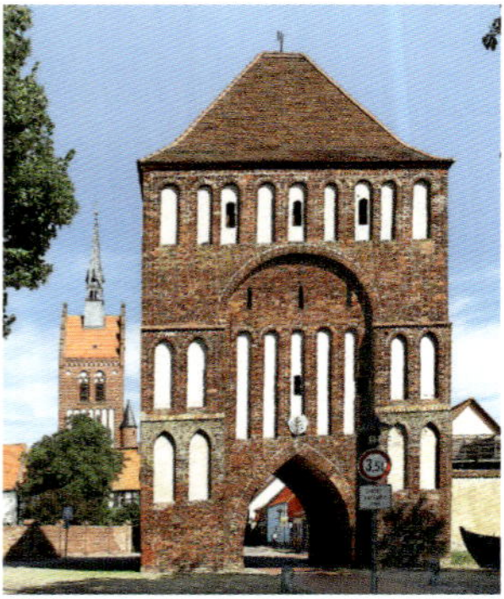

Anklamer Tor in der Stadt Usedom

Im alten Stadtbahnhof, „Klaus-Bahlsen-Haus", befindet sich die ***Stadt-Info*** sowie das *Naturpark-Zentrum,*

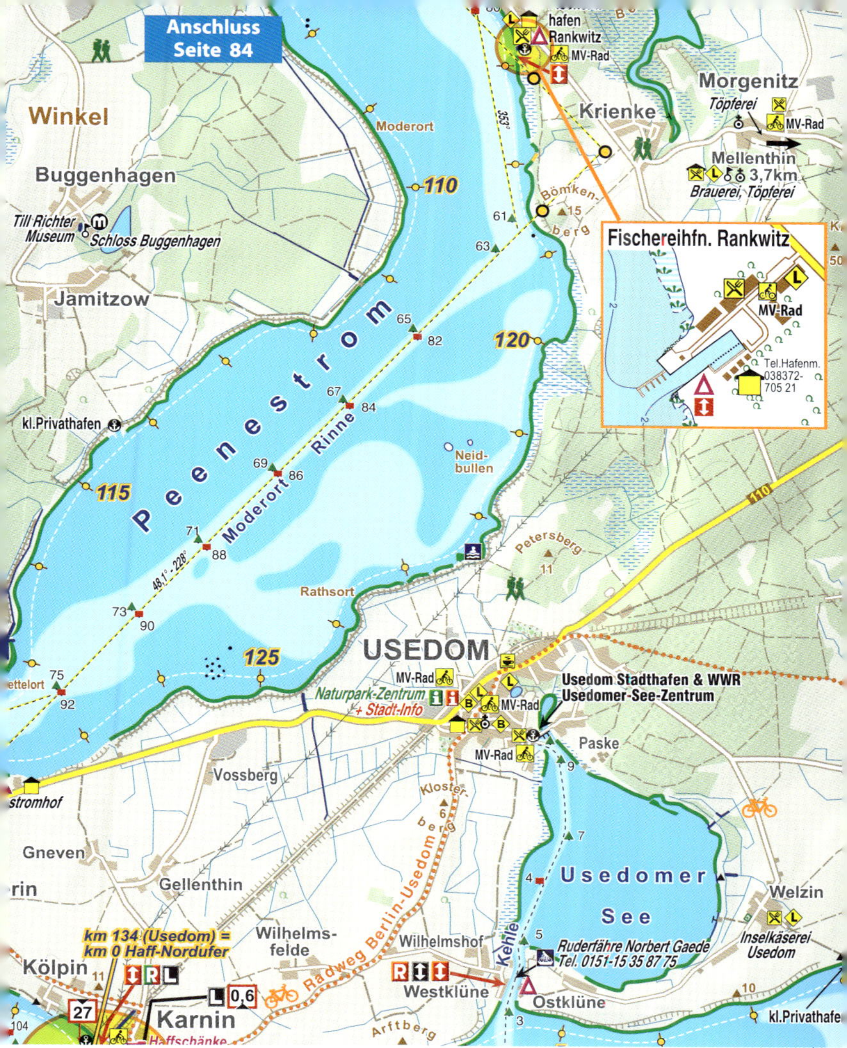

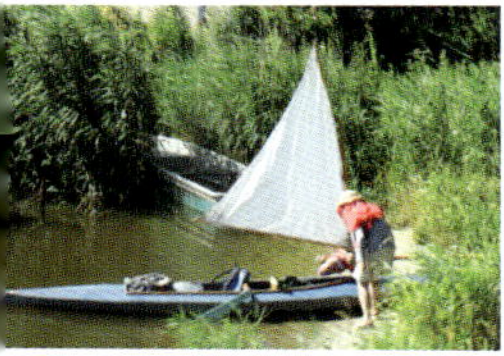

das neben Infos zur Insel auch interessante Exkursionen und Radtouren zu den *Usedomer Naturschutzgebieten* anbietet. Auch *MV-Rad* hat hier eine Fahrrad-Station.

Naturpark-Zentr.
(038372) 76 30
Stadt-Info
(038372) 708 90
Mo-Fr 10-16/18
Sa 10-14 (Mai-Sep)

MV-Rad.de

km 116,7 (Usedom)

WWR Fischereihafen Rankwitz
(038372) 705 21

Dorfladen
Mo-Fr 9-17, Sa 8-12

MV-Rad.de

Ebenfalls auf Usedom, 5,5 km nördlicher, liegt der **Fischereihafen Rankwitz.** Mit der ***Traditionsräucherei*** *(tgl. 9-16, auch Frischfischverkauf)* und ***Gaststätte „Zur Alten Fischräucherei“*** ein Ort, der sich mit seinem *Wasserwanderrastplatz (WC, Duschen)* für Einzelwanderer oder Kleinstgruppen besonders zu einem Übernachtungsstopp und ***Ausflügen*** in den ***Lieper Winkel*** zu Fuß oder mit dem Rad *(MV-Rad-Station)* anbietet. Hier lässt sich auch bei einem kühlen Weißwein der Sonnenuntergang ganz trefflich bewundern.

Ausflug ab Rankwitz

Nur 3,5 Kilometer sind es nach **Morgenitz** mit der inmitten eines alten Friedhofs gelegenen turmlosen ***Hallenkirche (um 1500).*** Neben stattlichen Bäumen ist eine Sammlung slawischer Mahltröge zu bewundern. Das ***Gasthaus „Bauernstube“*** *(www.bauernstube-morgenitz.de)* bietet leckere Fischspezialitäten. Am letzten Juli-Wochenende findet im Ort alljährlich ein ***Töpfermarkt*** statt, während die ***Töpferei Dannegger*** ganzjährig *(Mo, Di, Sa 16-17, Tel. (038372) 709 10, www.astrid-dannegger.de)* besucht werden kann.

Nochmal 3,5 Kilometer weiter gelangt man nach **Mellenthin**. Hier lohnt ein Besuch der mittelalterlichen ***Backsteinkirche*** und des ***Wasserschlosses Mellenthin (1575).*** Heute sind in der Anlage ein stilvolles Hotel, eine ***Brauerei*** mit ***Gastronomie*** und in der ehemaligen ***Schlosshofkapelle*** die erste ***Kaffeerösterei*** Usedoms untergebracht *(Wasserschloss Tel. (038379) 287 80, www.wasserschloss-mellenthin.de)*. Im Ort gibt es ebenfalls eine Keramikwerkstatt – die ***Pommersche Keramik Manufaktur,*** hier wird traditionelle Pommersche Keramik aber auch Tongefäße für Garten, Balkon und Terrasse hergestellt *(Töpferei Susi Erler, Mo-Sa 10-17, Saison auch So 11-16, Tel. (038379) 229 33, www.pommersche-keramik.de)*.

Querung zum Festland

Von **Rankwitz** muss nun der ***Peenestrom*** zur Festlandseite gequert werden (nur bei gutem Wetter!), damit man nicht im ***Achterwasser*** landet.

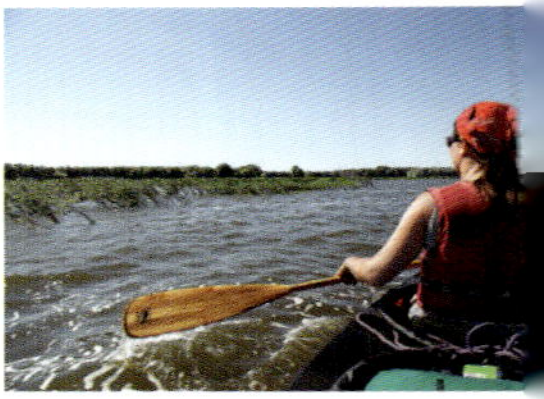

km 121,8 (Festland)

Ist man an der Mündung der ***Peene*** in den ***Peenstrom*** auf der Festlandseite geblieben,

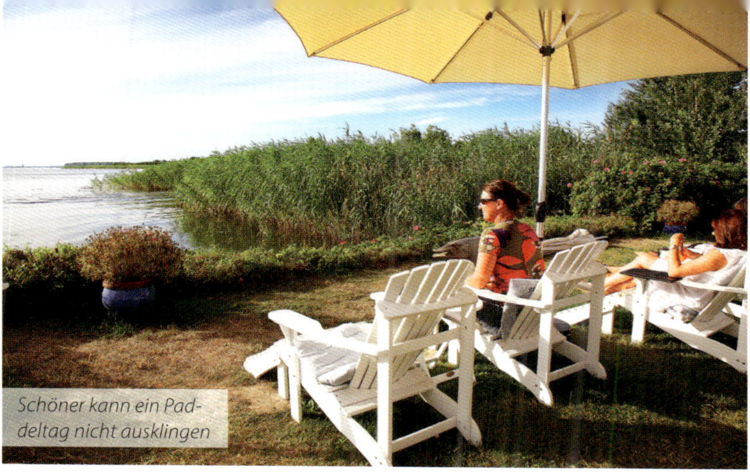

Schöner kann ein Paddeltag nicht ausklingen

besteht die erste ***Anlegemöglichkeit*** nach Anklam an einem kleinen *privaten „Hafen"* (mühsames Aussteigen). Gegenüber wird das Hinterland Usedoms, auch ***Usedomer Achterland*** genannt, von einer Endmoränenlandschaft geprägt, in der sich Seen, Wälder, Wiesen- und Heideflächen ausbreiten. In diesen wildromantischen Landstrich sind kleine Dörfer hinter breiten Schilfgürteln eingebettet.

km 114,4 (Festland)

Privathafen

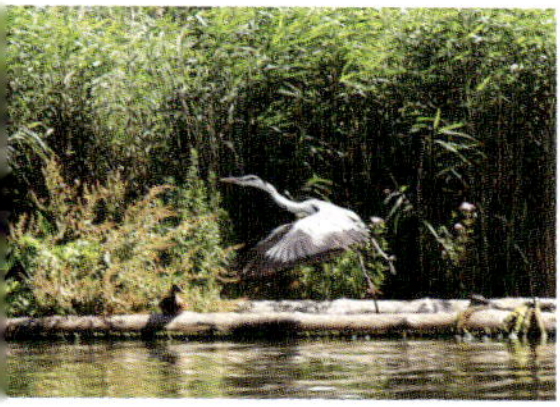

Wir paddeln auf der Festlandseite, vorbei am ***Aussichtsturm*** und der sandigen ***Badestelle*** von **Lassan**, links in einen langgezogenen Wasserarm, an dessen Ende der *Naturcampingplatz Lassan* liegt.

Die mit rund 1.500 Einwohnern kleinste Stadt Mecklenburg-Vorpommerns ist ein pommersches Landstädtchen, wie es typischer nicht sein könnte. Während zahlreiche Fassaden in der langgestreckten Altstadt an Kaisers Zeiten erinnern, stammt das auf dem ***Marktplatz*** *stehende* ***Rathaus*** *aus dem Jahre 1732. Zu Beginn des 20. Jahrhunderts gab es in der Stadt rund 200 Tischler, Drechsler und Holzbildschnitzer, wovon viele* ***schmucke Haustüren*** *zeugen. Die Stadtgeschichte sowie das Mühlenhandwerk wird im*

km 104,5 (Festland)

Naturcamping Lassan
(038374) 55 99 51
0151-20 29 92 32
urige Schlaffässer, Hüttchen, Sauna

MV-Rad.de

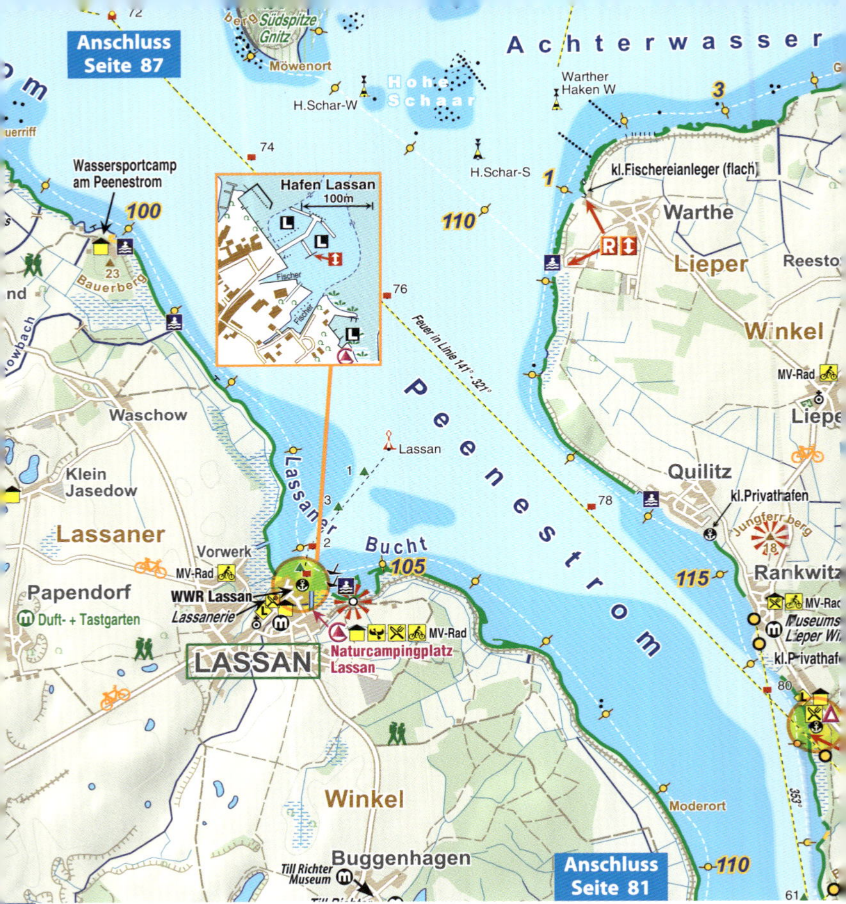

Lassaner Mühle
Jun-Sep
Mo-Fr 10-12 +13-16
Sa 10-12 + 14-16
So 10-12

Ackerbürgerei
(038374) 51 11

Heimatmuseum „Lassaner Mühle" *gut vermittelt, während die* ***gotische Backsteinkirche St. Johannis*** *aus dem 13. Jh. Altar und Kanzel aus der Werkstatt des Stralsunders Elias Keßler zeigt.*

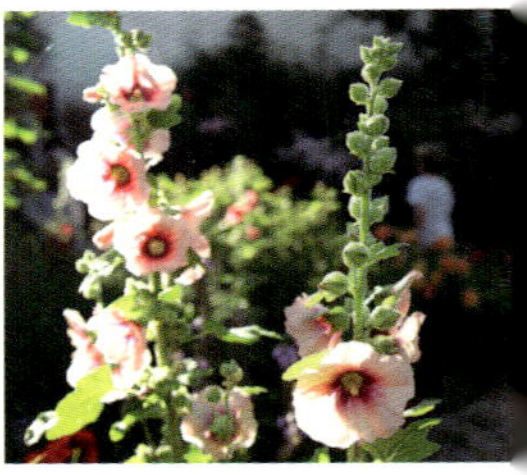

Die **Ackerbürgerei** im ältesten Teil der Stadt und in Sichtweite des Lassaner Hafens, bietet gemütliche Zimmer und Ferienwohnungen mit Blick in das idyllische Gartengrundstück, das die beiden

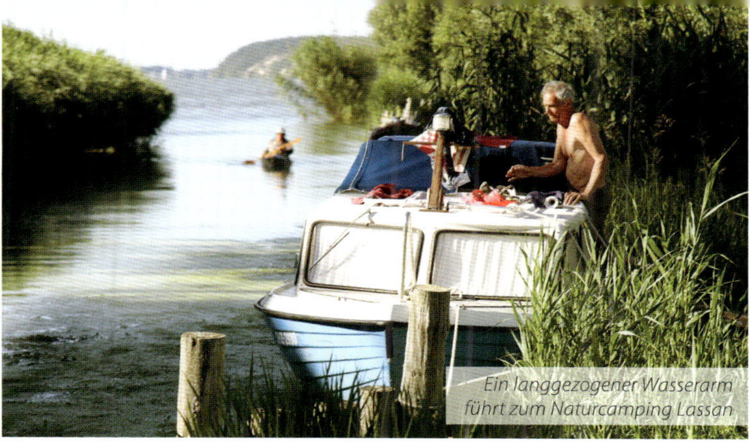

Ein langgezogener Wasserarm führt zum Naturcamping Lassan

Gebäude mit den Unterkünften verbindet. Hier kann man wunderbar sitzen und entspannen, den Tag beginnen oder ausklingen lassen. Früher auch Gasthaus, wird heute nur noch Frühstück serviert, Hausgäste können auch kleine regionale Gerichte bekommen.

Am Lassaner Markt werden im Lädchen & Veggie Bistro *Lassaneria* leckere vegane Gerichte serviert, jeden Freitag ab 18 Uhr ist „Kneipenabend", von Apr-Okt gibt es immer Do 10-12 Kräuterwanderungen uvm.

Lassaneria
(038374) 89 97 88
Jul-Aug tgl. 11-20, Fr bis 22
Sep-Jun Do-Mo 12-17, Fr bis 22

Überdies ist **Lassan** Ausgangspunkt herrlicher ***Wanderungen*** und ***Radtouren*** *(siehe auch* ***„Radfahren"*** *Seite 73-74 & MV-Rad Seite 104)* in den ***Lassaner Winkel***, der neben der bekannten Insel Usedom leider noch viel zu wenig wahrgenommen wird.

Dabei findet man gerade hier stille Ecken in einer reizvollen alten Kulturlandschaft, während sich die Autos Richtung Usedom stauen.

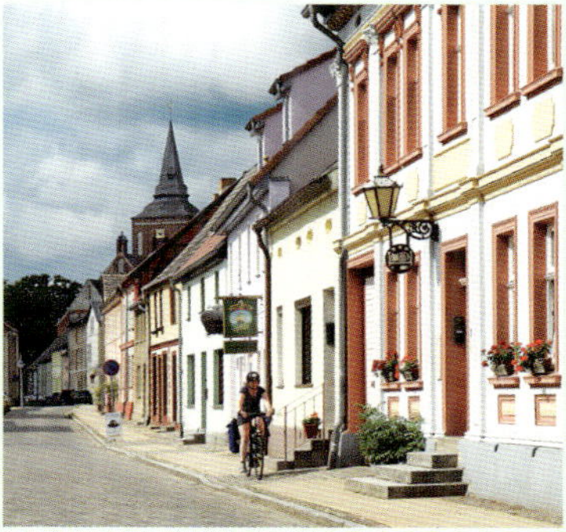

Nördlich von Lassan öffnen sich die gewaltigen Wasserflächen von ***Achterwasser*** und ***Krumminer Wiek***, die beide weit in die Insel Usedom hineinragen.

km 102 (Festland)

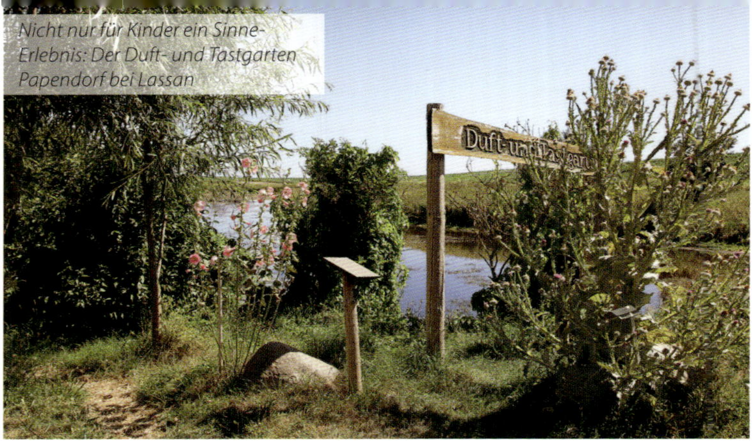

Nicht nur für Kinder ein Sinne-Erlebnis: Der Duft- und Tastgarten Papendorf bei Lassan

km 100 (Festland)

Wassersport-Camp am Peenestrom
0172-303 03 39

Hinter einer kleinen Bucht, versteckt zwischen Bäumen, liegt das *Wassersport-Camp am Peenestrom (WC, Duschen)*, eine preiswerte Unterkunft für Naturfreunde und Segler. Während die *Bootsvermietung (Segelboot, Katamaran)* hinter dem Schilfgürtel liegt, stehen die Finnhütten mit Blick auf ***Peenestrom*** und ***Achterwasser*** oben auf dem ***Bauerberg***, *wo sich Reste eines **slawischen Burgwalls** befinden. Unterhalb des 23 Meter hohen Hügels, in Richtung Wehrland, liegt ein **Findling** mit „Handabdruck", von dem die Sage zu berichten weiß, „dass Riesen mit ihm warfen".*

km 99,7 (Festland)

Nur 250 Meter weiter bietet der Holzsteg vor einer etwas weiter oben am Wald gelegenen kleinen Feriënhaussiedlung, eine tolle ***Bade- und Rastmöglichkeit***.

Spaziergang zum Ort Bauer - Wehrland

Vom Ufer ist es nicht weit nach **Alt Bauer** und zur ***Feldsteinkirche St. Nikolai*** (13. Jh.) mit barocker Deckenmalerei *(Schlüssel im weißen Häuschen gegenüber)* und dem klassizistischen ***Herrenhaus Bauer*** (1837) inmitten des großen Gutsparks *(zwei schöne FeWo im Kutscherhaus)*.

Auch die 4.000 bis 5.000 Jahre alten ***Hünengräber*** um **Wehrland** und **Bauer** *(Überreste an den Hängen vom Urstromtal des Pulowbaches und am Ortsausgang von Wehrland in Richtung Weiblitz)*, lassen sich von hier aus gut erkunden.

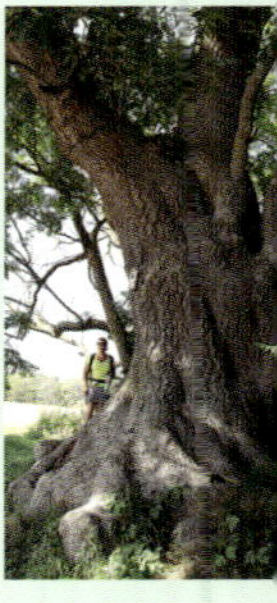

Anschluss Seite 93

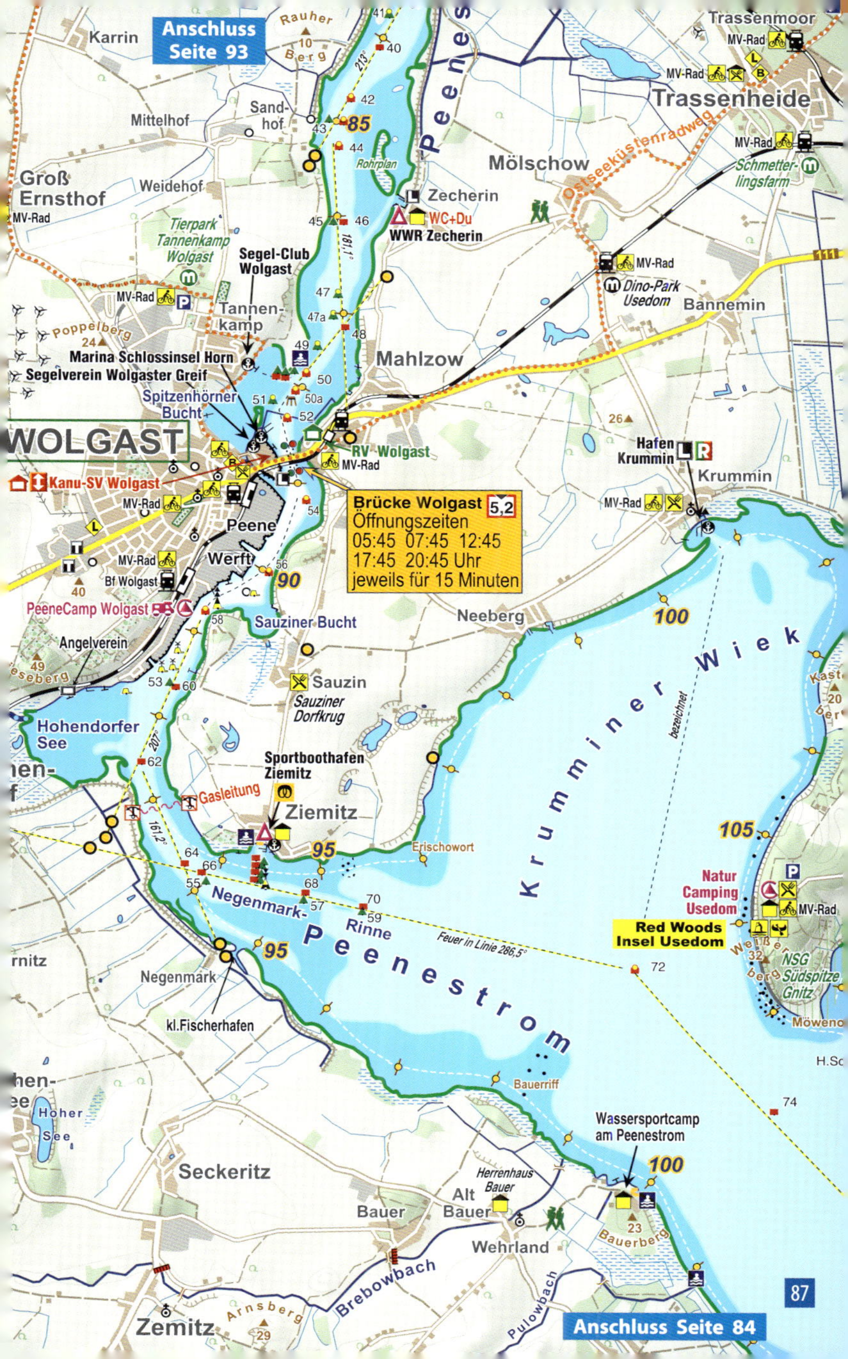

Anschluss Seite 84

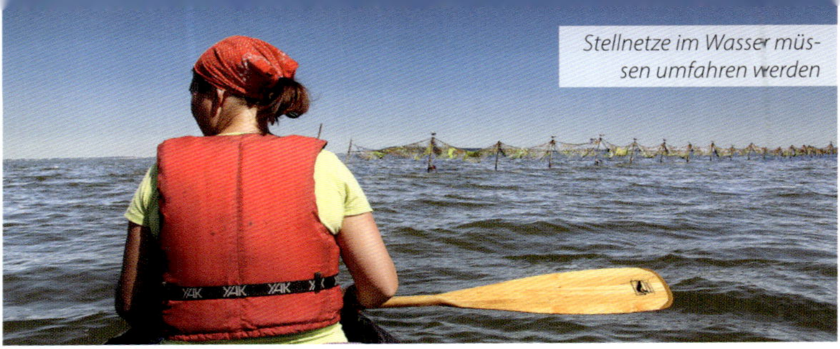

Stellnetze im Wasser müssen umfahren werden

km 95 (Festland)
Querung zur Usedomseite

Auf Höhe des ***Fischerhafens*** von **Negenmark** geht es über die ***Negenmark-Rinne*** hinüber zum kleinen Dörfchen **Ziemitz** an der Südspitze der Usedomer Halbinsel ***„Wolgaster Ort"***.

km 94,5 (Usedom)

Hafen Ziemitz
(03836) 20 67 65
0160-271 49 81

Sauziner Dorfkrug (2 km)
(03836) 20 32 81
0162-903 85 22
Mi-Fr ab 17
Sa+So 12-14+ab 17
Mo+Di Ruhetag

Der von Schilfgürteln umgebene *Sportboothafen Ziemitz* ist ein ruhig gelegener *WWR (WC, Duschen)* und bietet Übernachtungen im Pensionszimmer, in der Ferienwohnung, aber auch Platz für einige wenige Zelte. Zwar gibt es erst im zwei Kilometer entfernten **Sauzin** die vielgelobte *Gaststätte „Sauziner Dorfkrug"*, im Hafen Ziemitz aber einen *Brötchenservice*.

Die Hafenanlagen **Wolgast** im Blick, erhebt sich linkerhand hinter dem ***Hohendorfer See*** der 49 Meter hohe ***Zieseberg***, entstanden während der Weichseleiszeit durch einen Gletschervorstoß. *Der Namensursprung des Berges findet sich wahrscheinlich in der slawischen Mythologie, galt er doch als Heiligtum während der slawischen Besiedlung.* Der Peenestrom wird nun schmal.

km 90,7 (Festland)

PeeneCamp
0160-10 66 066

PeeneCamp Wolgast, Camping und WoMo-Stellplatz. 900 m zum ***Bf Wolgast,*** 1,7 km in die Altstadt.

km 88,7 (Festland)

Kanu-SV Wolgast
(03836) 60 03 80
0171-260 38 67
Biwak 2-3 Tage vorher telef. oder per E-Mail anmelden!

Nach der Klappbrücke „Blaues Wunder" (B 111) liegt links, oberhalb eines Schwimmstegs, das Gelände des *Kanusportvereins Wolgast (WC, Dusche)*. Ein sehr komfortabler Übernachtungsplatz *(2-3 Tage vorher anmelden!)* ist der auf der ***Schlossinsel*** gelegene Platz – Sanitäranlagen, überdachte Sitz- & Feuerstelle und nur wenige Fußminuten in die historische Altstadt.

Auf der Insel stand bis ins 18. Jh. das gewaltige Herzogschloss der einstigen pommerschen Hauptstadt.

Wer in **Wolgast** im Bett nächtigen möchte, umrundet 300 Meter weiter, hinter der Marina, die Schlossinsel und findet gleich mehrere Möglichkeiten. Unmittelbar vor der hölzernen Fußgängerbrücke kann man rechts an einem Steinstrand aussetzen, um im *Fischmarkt 3* in einer der hübschen Ferienwohnungen mit Blick aufs Wasser zu übernachten und zu essen. Gleich daneben liegt das *Hotel Schilfhaus (Garni)* und dahinter die *Hotel-Pension Spitzenhörnbucht*. Hinter der Fußgängerbrücke bietet links der tiefgelegene und abschließbare Holzsteg des *Hotel-Restaurants Der Speicher* Zimmer in einem liebevoll sanierten Speicher aus dem 18. Jahrhundert. Leckere Fischgerichte bekommt man hier und auch wenige Meter nebenan im *Fischrestaurant „Fischer Klaus"*, mit Blick auf die Altstadt und auf den Museumshafen, an dessen Steg eine historische Dampffähre vertäut liegt.

Fischmarkt 3
(03836) 275 83 00

Hotel-Garni Schilfhaus
(03836) 23 71 00

Pension Wolgast/ Spitzenhörnbucht
(03836) 20 34 22

MV-Rad.de

Der Speicher
(03836) 23 18 91

Fischer Klaus
(03836) 23 42 72

Blick auf Wolgast

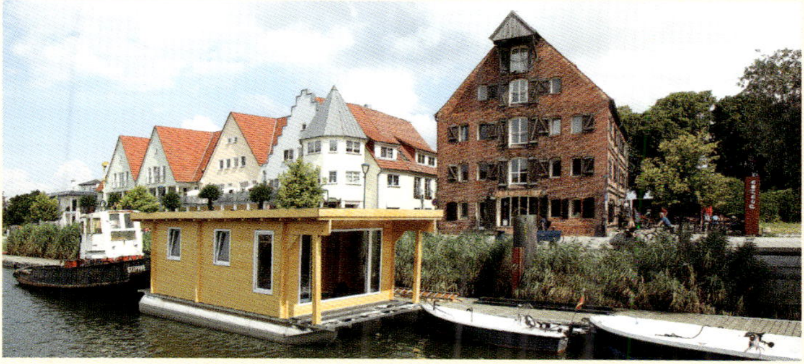

Die Gründung Wolgasts erfolgte durch slawische Volksstämme, die hier schon seit dem 6./7. Jh. zu Hause waren. Die günstige Lage in Meeresnähe beförderte den Handel und bald kamen auch deutsche Siedler ins Land.

Mit der Christianisierung durch Otto von Bamberg wurde das Land zum deutschen Herzogtum erklärt. Während seiner zweiten Missionsreise durch Pommern weilte der Bischof 1128 in Wolgast, ließ den Vorgängerbau der heutigen St.-Petri-Kirche errichten und schon wenige Jahre später wurde aus dem Siedlungsfleck eine deutsche Stadt mit slawischen Vorstädten. Die Herzöge von Pommern wählten die vorgelagerte Schlossinsel zu ihrer Residenz und ließen

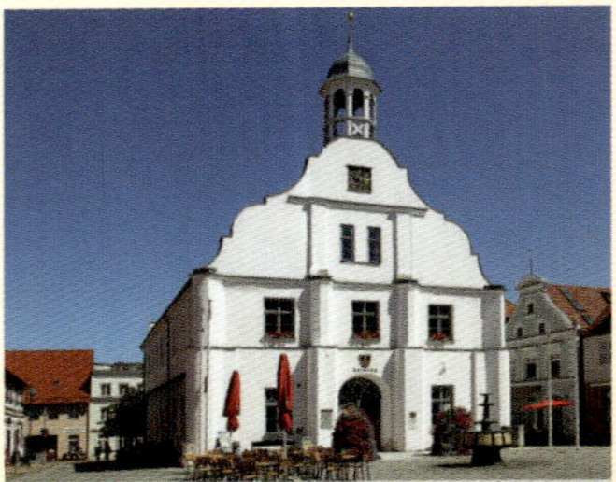

Das historische Rathaus – eines der Wahrzeichen von Wolgast

hier eines der schönsten Renaissance-Schlösser im norddeutschen Gebiet errichten. Ein idealer Ort, denn über Jahrhunderte konnte den in die Ostsee auslaufenden Schiffen Zoll abgenommen werden, da die Flussenge die einzige Möglichkeit darstellte, von der Oder die Ostsee zu erreichen. Das Schloss wurde 1628 erst durch die Dänen, dann von den kaiserlichen Truppen und schließlich durch die Schweden geplündert und verschwand 1840 ganz.

Nach Ende des Dreißigjährigen Krieges kam Wolgast unter Herrschaft der schwedischen Könige und erlebte ständige Kriege um die Vormachtstellung in der Ostsee. Der schlimmste Tag war die Inbrandsetzung der Stadt 1713 unter Zar Peter I. als Vergeltung für die schwedische Brandsetzung der Stadt Altona.

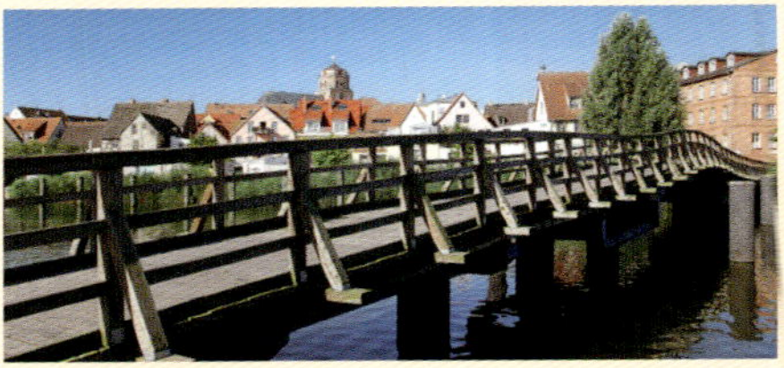

Dank der verkehrsgünstigen Lage erholte sich Wolgast und im 19. Jahrhundert blühten Handel und Schiffbau. Die 1948 gegründete Peene-Werft ist heute noch der wichtigste Betrieb in der Stadt.

Stadtinformation, am Stadthafen, Kronwiekstraße 3, 17438 Wolgast, Tel. (03836) 60 01 18, www.wolgast.de

9 MV-Rad-Stationen (StadtRad Wolgast), www.MV-Rad.de

① ***Stadtgeschichtliches Museum*** im ältesten Profanbau der Stadt, im ehemaligen, 300 Jahre alten Fachwerk-Getreidespeicher ***„Kaffeemühle“***. Rathauspl. 6, *Di-Sa 10-16/17, Eintritt: 5 €,* www.museum.wolgast.de

② ***Historisches Rathaus.*** Barockbau, 1718-1724 erbaut mit gotischen Spitzbögen und Bändern. Laternentürmchen am Marktgiebel.

③ ***Rathaus-Brunnen.*** Historischer Zierbrunnen mit zehn Reliefs der Stadtgeschichte, 1936 von Kurt Baer gestaltet.

④ ***Deutsche Bank.*** Im Stile des Bauhauses, 1932 von Hans Poelzig erbaut.

⑤ ***Stadtapotheke.*** 1720 erbaut. Gedenktafel für den Botaniker und regionalen Naturforscher Theodor Marsson (1816 in Wolgast geboren).

⑥ ***Backsteinbasilika St. Petri*** (Wiederaufbau 1713), Turm mit achteckigem Zeltdach. Der Wolgaster Totentanz (1700), Bilderfolge aus 24 Gemälden

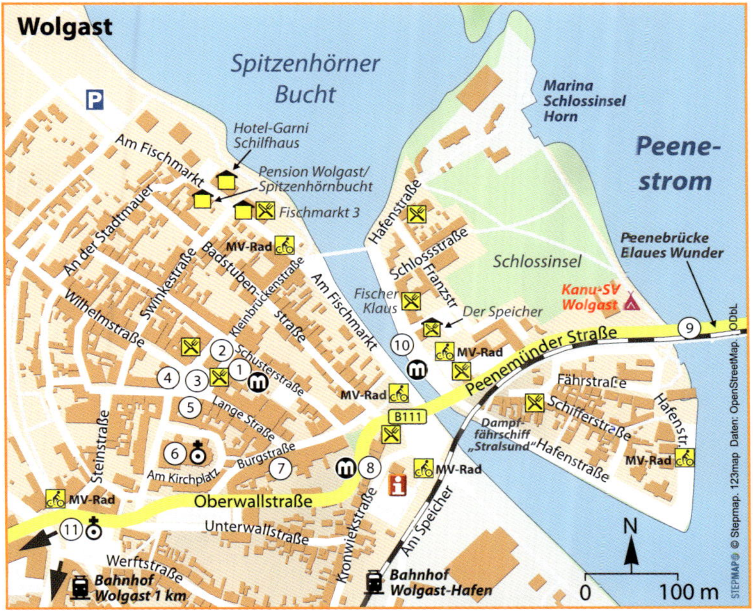

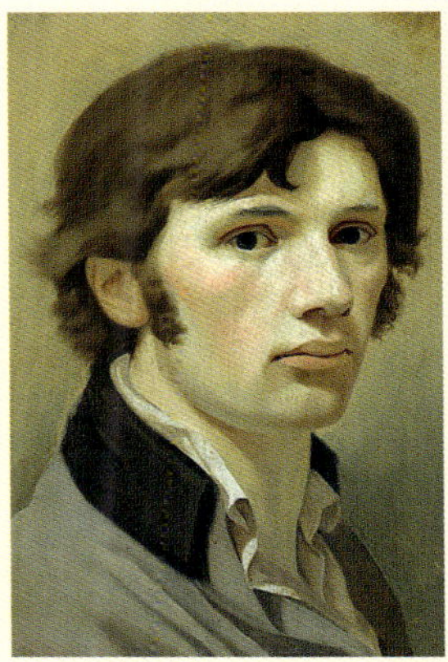

nach Hans Holbein. Lohnende ***Turmbesteigung*** mit Ausblick über die Altstadt.

⑦ ***Burgstraße.*** Neues Rathaus in der Burgstr. 6 – Handelshaus aus dem 18. Jh..

Burgstr. 5 – dreigeschossiges Giebelhaus, das den Stadtbrand von 1713 überstand.

⑧ ***Rungehaus.*** Geburtshaus von Philipp Otto Runge (1777-1810), Begründer der romantischen Malerei, heute Runge-Museum, Kronwiekstr. 45, *Apr-Okt Di-So 10-17, Eintritt: 4 €,* www.museum.wolgast.de

⑨ ***„Blaues Wunder".*** Kombinierte Schienen-/Straßen-Klappbrücke (2001).

⑩ ***Museumshafen.*** Eisenbahndampffährschiff „Stralsund" (1890), das letzte noch existierende weltweit. *Mai-Sep Di-Fr 11-17.30, Sa, So 11-15.30; 3,-€.*

⑪ ***Gertrudenkapelle.*** Als Hospitalkapelle auf dem Alten Friedhof 1420 unter Herzog Wartislaw IX. erbaut.

km 85,8 (Usedom)

Hafen Zecherin
(03836) 20 23 16
0173-985 11 96

Die kleine, dem *Hafen Zecherin* vorgelagerte *Insel Rohrplan (NSG)* gibt diesem Deckung vor westlichen Winden. Die Hafenzufahrt ist von einem dichten Schilfgürtel gesäumt. Auf dem sympathischen *Wasserwanderrastplatz* *(WC, Dusche)* hat man die Wahl zwischen dem eigenen Zelt und zwei gemütlichen Ferienwohnungen im schilfgedeckten Fach-

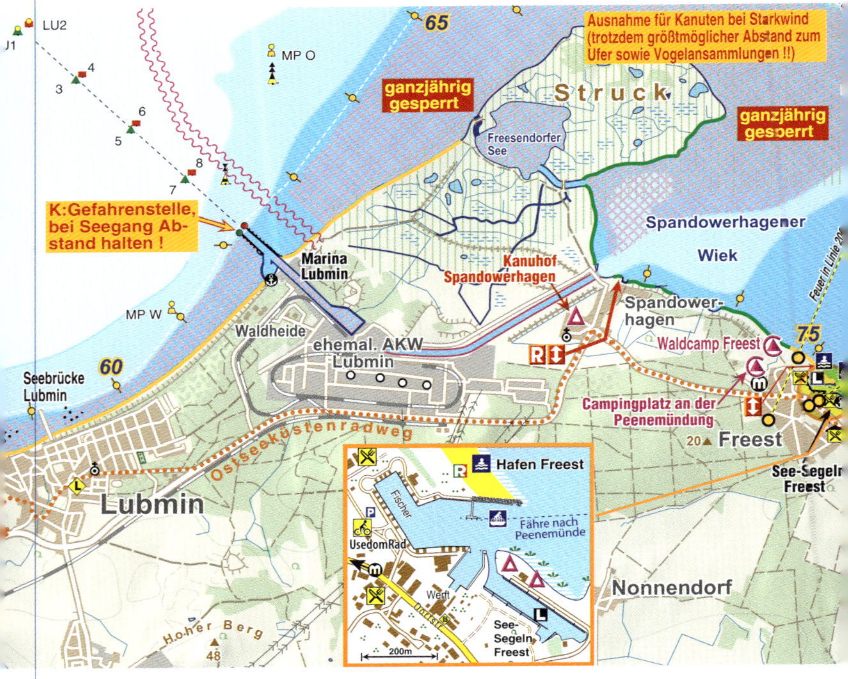

Schmetterlingsfarm Trassenheide
(038377) 399 25

Etwas mehr als 5 Kilometer sind es zu Europas größter *Schmetterlingsfarm* in **Trassenheide** östlich von Mölschow. In einem naturnahen Biotop sind auf einer Fläche von ca. 5.000 m² an die 2.500 tropische Schmetterlinge mit bis zu 60 verschiedenen Arten zu bestaunen. Das angeschlossene Insektenmuseum mit dem Insektarium zeigt die Vielfalt der artenreichsten Tiergruppe unserer Erde.

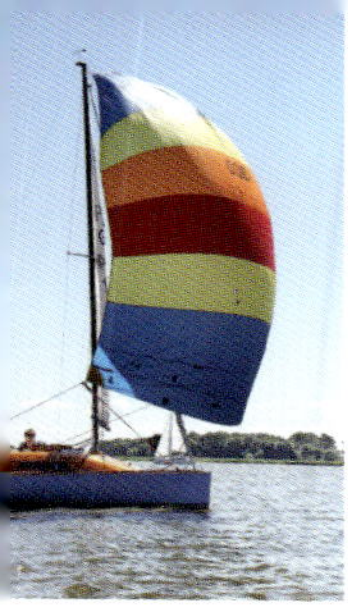

werkhaus. Eine *Feuer- und Angelstelle, Räucherofen, Wetterschutzdach* und ein kleiner *Spielplatz* laden zu einem längeren Aufenthalt ein.

Zecherin, ein ehemaliger Fährort, ist ein idyllisches Dörfchen mit Fischerflair und herrlicher Umgebung.

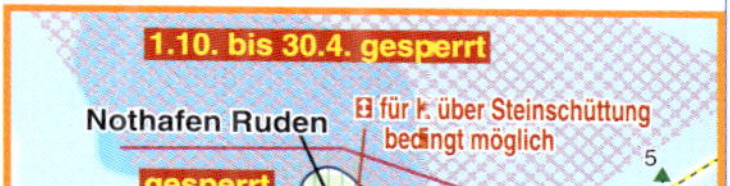

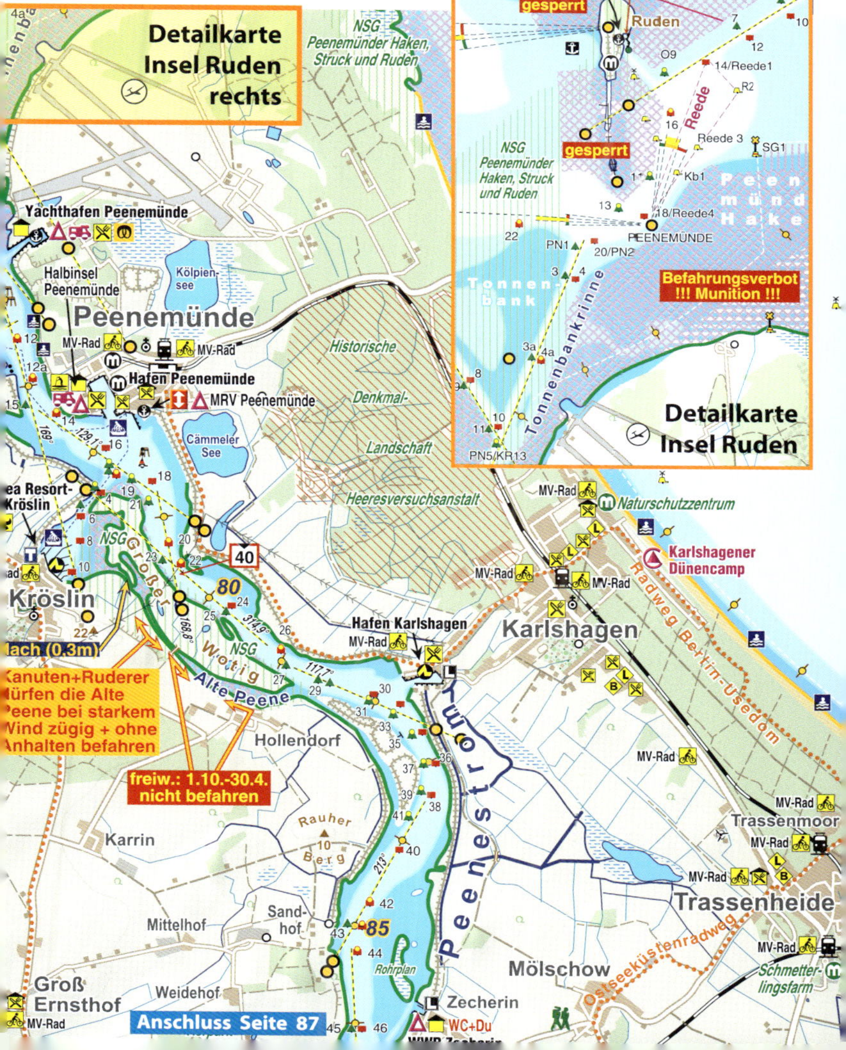

Anschluss Seite 87

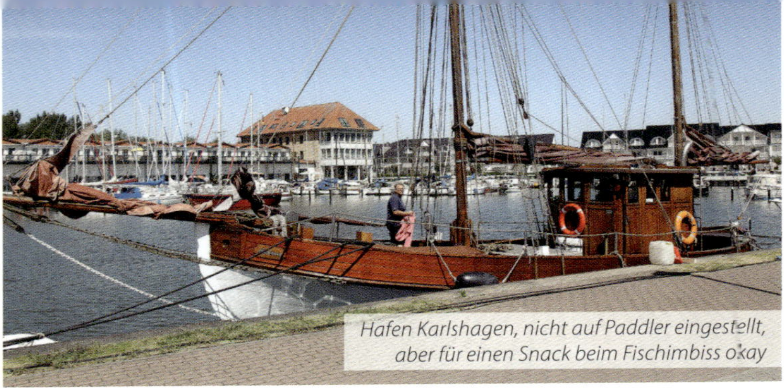

Hafen Karlshagen, nicht auf Paddler eingestellt, aber für einen Snack beim Fischimbiss okay

km 82,2 (Usedom)

MV-Rad.de

Naturschutzzentrum Usedom
(038371) 25 78 59
Di+Do 13-17

Den nicht auf Paddler eingestellten **Hafen Karlshagen** *(Slipanlage, MV-Rad)* kann man getrost rechts liegen lassen, es sei denn, man möchte im ***Restaurant*** oder ***Fischimbiss*** einkehren bzw. sich für die Weiterfahrt mit Frisch- oder Räucherfisch eindecken.

Etwa eineinhalb Kilometer Fußweg sind es vom Hafen bis zum Ortskern und Bahnhof **Karlshagen** *(Station MV-Rad)* und noch einen Kilometer weiter zum weißen Ostseestrand *(MV-Rad, **Naturschutzzentrum**).*

km 81 (Usedom)

NSG

Die im Überflutungsbereich des Peenestroms liegende ***Insel Großer Wotig*** gehört zum ***Naturschutzgebiet Großer Wotig*** und darf nicht betreten werden.

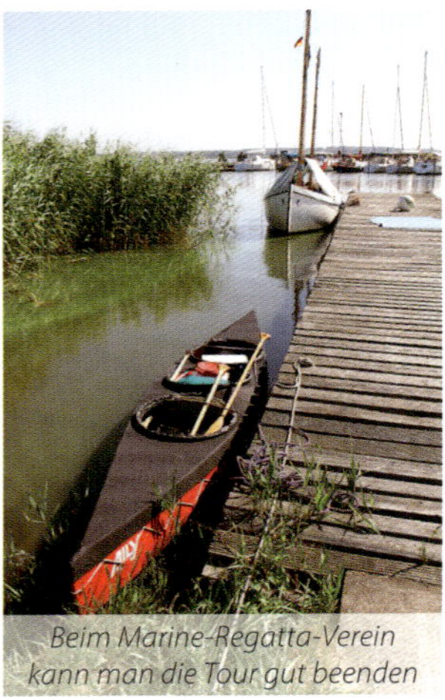

Beim Marine-Regatta-Verein kann man die Tour gut beenden

Jahrhundertelang trieben die Bauern Ihr Vieh über einen Damm zum Weiden auf die Insel. Heute ist sie Rückzugsgebiet einer artenreichen Tierwelt – Alpenstrandläufer, Großer Brachvogel, Kiebitz und Rotschenkel, aber auch Kreuzkröte, Ringelnatter und Zauneidechse sind hier anzutreffen. Von 86 nachgewiesenen Brutvogelarten stehen viele auf der Roten Liste der Brutvögel Mecklenburg-Vorpommerns.

Bei starkem Wind dürfen Paddler zwischen der 2,5 km langen ***Insel Großer Wotig*** und dem Festland auf der ***Alten Peene***, einem Seitenarm des Peenestroms, zügig und ohne anzuhalten paddeln.

Kröslin *(Fähre nach Peenemünde)* hat eine große Marina, daher ist es nicht ganz einfach zwischen all den Segelbooten als Kanute anzulegen. Kajak- & SUP-Ver mietung im Baltic Sea Resort.

Fähre nach Peenemünde
tgl. 10-18, alle 2 Std.

Endpunkt der Tour ist **Peenemünde**. Auf dem Gelände des *Marine-Regatta-Vereins (WC, Duschen)* rechts vor der Einfahrt ins Hafenbecken, kann man gut aussetzen und sein Zelt aufschlagen. Der Hafenmeister ist sehr freundlich, die Übernachtungsgebühren sind niedrig und der Platz liegt in günstiger Entfernung zu den gastronomischen Einrichtungen, einem *Lebensmittelladen*, den *Museen* und dem ***Bahnhof*** *(MV-Rad)*. Ein sehr empfehlenswertes ***Restaurant*** befindet sich auf dem ehemaligen Fischkutter *MS „Kragenhai"* im Hafen mit Blick auf das sowjet. U-Boot „Juliett U-461".

km 78 (Usedom)

Marina des MRV Peenemünde
(038371) 26 88 62
900 m

MV-Rad.de

MS Kragenhai
0172-341 33 71

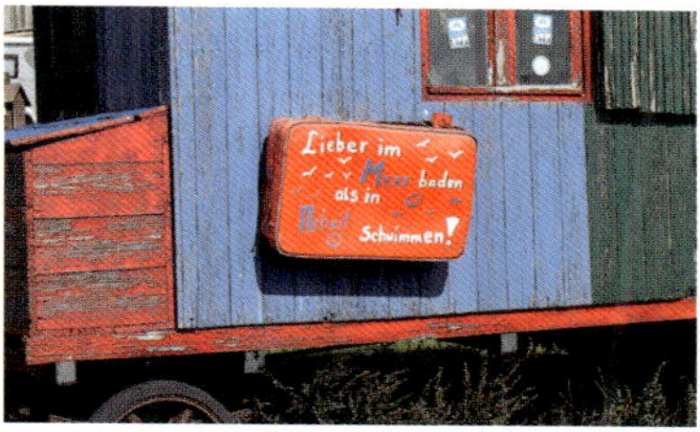

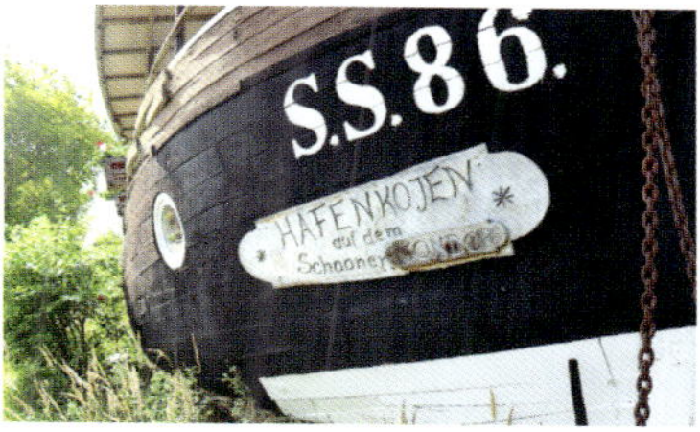

Eine weitere gute ***Aussetzmöglichkeit*** besteht an der *„Halbinsel Peenemünde"* im hinteren linken Teil des geschützten Hafenbeckens. Originelle *Übernachtungen* im traditionellen Segelschoner oder Restaurantschiff „Anneliese", in einer Jurte, einer kleinen Holzhütte, Apartments oder Ferienhäusern sind möglich. Auch eigene Zelte dürfen aufgeschlagen werden. Der naturnahe Platz verfügt über *Grillplätze, Räucheröfen, Pavillons* und *Lagerfeuerstellen.* Die schwimmende, urgemütliche *Hafenbar „Zum dünnen Hering"* bietet Frühstücksbuffet und regionale Fischspezialitäten. Chillen und Tanzen kann man in der *„Fischbüxe"*, Cocktails & Sonnenuntergang im Liegestuhl genießt man in der Open-Air *„Kite-Bar".*

km 77,7 (Usedom)

Halbinsel Peenemünde
(038371) 55 66 23
0174-648 40 45

Hafenbar „Zum dünnen Hering"
Apr-Okt tgl. 8-ca.18
Frühstück 8-10
Nov-Mär 10-16

SUP-Vermietung
01577-447 39 27

U-Boot-Museum
(038371) 890 54
Mai-Jun+Okt 10-17
Jul-15.Sep 9-19
Winter 10-15

Historisch-Technisches Museum
(038371) 50 50
Apr-Sep 10-18
Okt-Mär Di-So 10-16

Spielzeug-museum
Wieder-/Neueröffnung Mitte 2024

Phänomenta-Ausstellung
(038371) 260 66
tgl. 10-18

MV-Rad.de

Mit den Überresten der Militärarchitektur ist **Peenemünde** wahrhaftig nicht als hübsch zu bezeichnen. Dennoch sollte man den Museen, insbesondere dem ***U-Boot-***, dem ***Historisch-Technischen*** *(MV-Rad-Station)*, dem ***Spielzeug-Museum*** oder der ***Phänomenta-Ausstellung*** unbedingt einen Tag oder mehr widmen.

Ranken sich doch wahre Legenden um den Ort, der ab 1937 eine berühmt-berüchtigte ***Luftwaffen- und Heeresversuchsanstalt*** war. *Ein Produkt dieser Anstalt, die Waffe „V2" (erste funktionsfähige Großrakete), bei deren Produktion viele Zwangsarbeiter ihr Leben verloren, schuf die Grundlagen der modernen Raketentechnik. Ob sich Peenemünde mit Recht auch als „Wiege der Raumfahrt" nennen darf oder einfach nur der Waffenproduktion eines verbrecherischen Regimes diente, wird auch in Zukunft umstritten sein. Auch nach 1945 blieb der Ort Militärstützpunkt, der von der Nationalen Volksarmee der DDR genutzt wurde . Nach 1990 – geblieben sind die Ruinen – wurde er Schritt für Schritt zur „Denkmal-Landschaft" umgebaut.*

Ein ***Rundweg*** von 25 Kilometern Länge mit derzeit 23 Stationen führt durch die ***„Denkmal-Landschaft"***.

Fähre nach Freest
tgl. 10-18, stündlich

Gleich neben dem Gelände des ***Marine-Regatta-Vereins*** legt die ***Personen- & Radfähre*** ab – zum Fischerdorf **Freest** (& **Kröslin**) am Festlandufer.

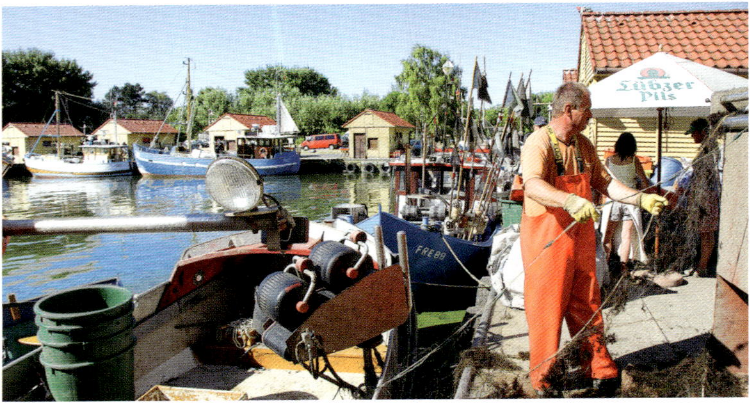

In **Freest** ist die Fischerei im wahrsten Sinne des Wortes noch lebendig, kann man doch den Fischern im ***Hafen*** *(Station MV-Rad)* vor ihren gelben Holzhäuschen beim Verladen der Fische, dem Flicken der Netze oder beim Plausch zuschauen. Einen Einblick ins historische Fischerleben gibt das *Heimatmuseum Freest.* Es ist außerdem Stätte eines kleinen Produktionsbetriebes, der nach traditionellen Vorbildern Fischerteppiche knüpft und diese auch zum Verkauf anbietet.

Fischverkauf am Hafen

MV-Rad.de

Heimatmuseum Freest
(038370) 203 39
Mär-Okt Mo-Fr 9-15

Freester Fischerteppiche

Im Jahre 1928, während der Weltwirtschaftskrise, wurde in der südlichen Ostsee ein dreijähriges Fischfangverbot verhängt, damit sich die dezimierten Fischbestände erholen. Der damalige Greifswalder Landrat W. Kogge kam auf die Idee die Fischer Teppiche knüpfen zu lassen, um sie vor drohender Arbeitslosigkeit zu schützen. Der Gedanke war, dass die Fischer durch das Knüpfen und Reparieren Ihrer Netze und Reusen wohl über die notwendige Geschicklichkeit zu dieser Arbeit verfügen mussten. Obwohl die Teppiche sowohl in den umliegenden Dörfern Spandowerhagen, Kröslin und Lubmin, aber auch in den Städten Wolgast, Lassan, Greifswald und auf Usedom geknüpft wurden, bezeichnete man sie gemäß ihres Ursprungsortes als **Freester Fischerteppiche.**

Während in der Zeit des Nationalsozialismus die pommersche Volkskunst als uralte nordische Tradition von den Nazis vereinnahmt wurde, ist der Kröslíner Altarteppich von 1947 ein Zeichen des Neuanfangs nach dem Krieg. Heute ist die Teppichknüpferei nur noch Bestandteil regionaler Traditionspflege.

Eine besondere Attraktion ist die 1891 gegründete ***Räucherei Thurow***, die älteste Vorpommerns. *Die 1942 aus Hamburg-Altona gelieferten Öfen sind heute noch in Betrieb und geben den mit Buchenholz geräucherten Aalen, Heringen, Sprotten und Flundern den unverwechselbaren Geschmack.* Beim Einkauf im Laden *(Mo-Fr 10-16, Sa 10-14)* der Traditionsräucherei kann man den Räucherern bei der Arbeit zusehen und Tricks für die Räuchertonne Zuhause ablauschen.

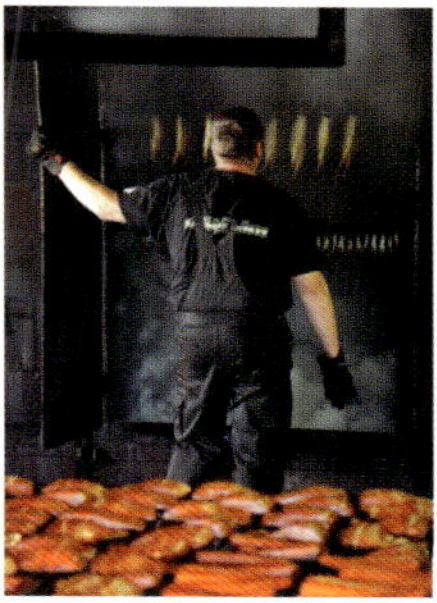

Der erstandene Räucherfisch schmeckt am besten am *Sandstrand* von **Freest** mit Blick auf die Mündung und das gegenüberliegende Peenemünde.

Adresses (in alphabetischer Ortsreihenfolge)

Übernachtung in Wassernähe – Peene & die Seen

Aalbude (Kummerower See) OT von 17159 Dargun

Gaststätte & Pension „Aalbude“, Aalbude 2, Tel. (039959) 276 79, www.ausflugsrestaurant-aalbude.de

Alt Plestlin (Peene) OT von 17129 Bentzin

Wasserwanderrastplatz, Hafenmeister Tel. 01523-131 86 83

Anklam (Peene) PLZ 17389

Hotel „Am Stadtwall“, Demminer Straße 5, Tel. (03971) 83 31 36, www.hotel-am-stadtwall.de

Wasserwanderrastplatz Anklam, (01. Mai-15. Okt., 8-19), Entensteig 1 a, Tel. 0162-520 22 02, www.wasserwanderrastplatz-anklam.de

Boot & Bike Anklam, (Zelt, Cube, Hausboot), Werftstr. 3, Tel. 0173-481 31 36, www.villa-eden-peene.com/boot-bike-anklam

Dahmen (Malchiner See) PLZ 17166

CampingParadies Dahmen, Am Erlengrund 1, Tel. (039933) 73 37 53 und 0173-630 46 31, www.campingparadies-dahmen.de

Ferienanlage Dahmen (Familien, Gruppen, geführte Kanu- & Radtouren, Naturführungen), Philosophenweg 4, Tel. (039933) 717 91, www.ferienanlage-dahmen.de

Dargun (Darguner Kanal (Peene)) PLZ 17159

Bahnhof Dargun, (B&B und Café), Bahnhofstraße 1, Tel. (039959) 277 25 www.bahnhofdargun.de

Demmin (Peene) PLZ 17109

Wasserwanderrastplatz Demminer Segelclub „Blau-Weiß“, Fritz-Reuter-Str. 11 b, Tel. (03998) 259 84 54, 0170-247 10 08 *(Hafendienst Öffnungszeiten tgl. 8-10 +16-18),* www.demmin.de >Kultur & Tourismus >Wasserwanderrastplatz

Peene Marina Demmin (Zelt), Loitzer Str. 48, Tel. (03998) 282 42 81 und 0151-20 22 39 39 (Hafenmeister), www.peene-marina-demmin.de

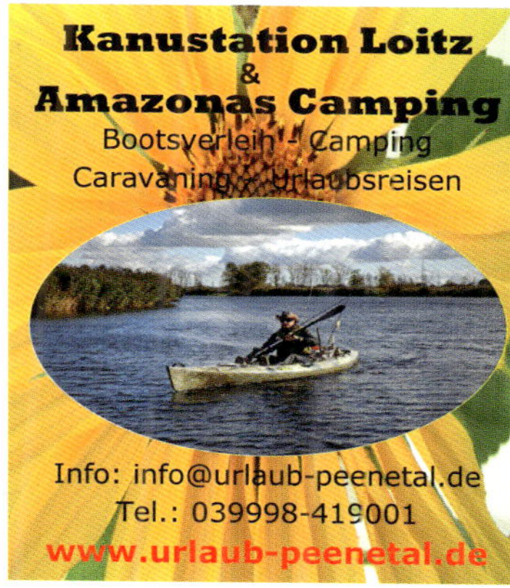

Demmin-Meyenkrebs, PLZ 17109

Hotel Trebeltal, Klänhammerweg 3, Tel. (03998) 25 10, www.hotel-trebeltal.de

Gravelotte (Kummerower See) OT von 17111 Meesiger

Campingplatz & WWR, Am Kummerower See, Tel. (039994) 107 32, www.campingplatz-gravelotte.de

Hotel Gravelotte, Am Kummerower See 2, Tel. (039994) 72 10, www.hotel-gravelotte.de

Gützkow (Peene / Nebenfluss Swinow) PLZ 17506

Kanuverein Gützkow, (Zelt, Bootshaus), Liebenthal 13, Tel. (038353) 277 und 0160-97 22 16 38, www.kanuverein-guetzkow.de

Villa-Eden-Peene, (Biwak, Zimmer, Wohnwagen, Matratzenlager), Fährdamm 3, Tel. 0173-481 31 36, www.villa-eden-peene.com

Kummerow (Kummerower See) PLZ 17139

Hafen·Kieker·Camping, Hafenstr. 12, Tel. 0171-219 21 11 und 015[illegible]-75 03 30 26, www.hafen-kieker-camping.de

Liepen (Peene) PLZ 17391 Neetzow - Liepen

Hotel „Am Peenetal" (mittel bis hochpreisig) *und WWRastplatz,* (Dusche, WC), Dorfstr. 31, Tel. (039721) 567 58, www.gutshof-liepen.de

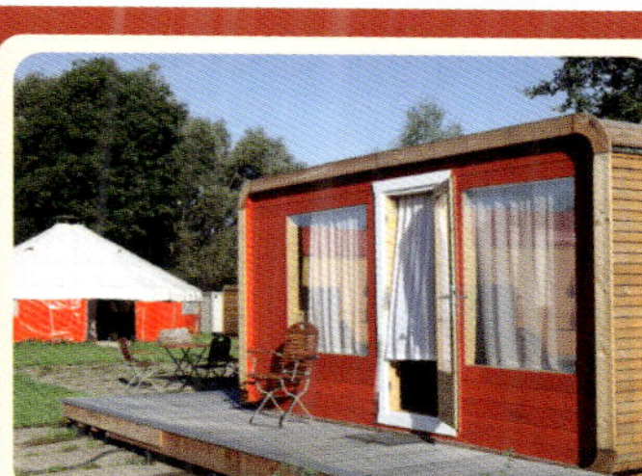

Loitz (Peene) PLZ 17121

Ballsaal Tucholski, (Bett & Bike, Zelt), Lange Straße 41, Tel. 0179-920 81 71, www.ballsaal-tucholski.de

Amazonas-Camp an der Marina Loitz & Kanustation, Mühlentorvorstadt 12, Tel. (039998) 41 90 01 und 0177-271 16 88, www.urlaub-peenetal.de

Hafen, Marina & WWR, Mühlentorvorstadt 1, Tel. (039998) 153 12, www.loitz.de >Tourismus >Wassertourismus >Hafen- und Sportbootmarina Loitz

Gästehaus „Hotel Am Markt“, Marktstr. 162, Tel. (039998) 33 35 56 und 0177-886 01 67, www.hotelloitz.de

Malchin (Peene) PLZ 17139

Malchiner Kanu-Club (Mai-Sep), (Camping, WoMo, günstige Zimmer), Am Kanal 4, Tel. (03994) 23 94 68 und 01520-364 54 53, www.malchiner-kanu-club.de

Menzlin (Peene) OT von 17390 Ziehten

Biwak bei der Kanuvermietung, Tel. 01520-405 20 68, www.kanuverleih-menzlin.de

Neukalen (Kummerower See / Neukalener Peenekanal) PLZ 17154

Gasthaus & Herberge „Am Hafen“, (kleine Holzhäuser mit Charme), Am Hafen 1a, Tel. (039956) 204 39, www.amhafen.com

Peenecamp, (Camping- & WoMo-Platz, auch 2 FeWo), Schulstraße 3 , Tel. (039956) 29 64 08 und 0162-766 29 49, www.peenecamp.de

Pensin (Peene) OT von 17111 Kletzin

Wasserwanderrastplatz, Platzwart Tel. 01522-840 09 79, www.pensin-mv.de

Rustow (Peene) PLZ 17121

Eleganz Hotel (Garni), Demminer Str. 17, Tel. (039998) 31 05 80, www.eleganz-hotel.de

Quilow (Peene) OT von 17390 Groß Polzin, 3 km vom Fluss

Wasserschloss Quilow, günstig übernachten im Verwalterhaus, Quilow 45, *noch keine neuen Kontakdaten bei Druck, siehe Infos im Internet,* www.wasserschloss-quilow.de

Salem (Kummerower See) OT von 17139 Malchin

Ferienland Salem, (Zimmer), Am Hafen 1, Tel. (03994) 2340, www.kolpingurlaub-mv.de

segel basis salem, (Zelt & WoMo), Am Hafen 1, Tel. (039923) 71 60 und 0151-20 79 30 30, www.segelbasis.de

Seedorf (Malchiner See) OT von 17139 Basedow

Campingpark Seedorf, Campingplatz 1, Tel. (039957) 291 39, www.campingpark-seedorf.de

Sommersdorf (Kummerower See) PLZ 17111

Campingpark Sommersdorf, (auch WoMo-Stellplatz), Am Hafen 2, Tel. (039952) 29 73, www.camping-sommersdorf.de

Sophienhof (Peene) PLZ 17121

Wasserwanderrastplatz Sophienhof, (WC, Grillecke), Tel. 0174 -464 46 70, www.loitz.de >Tourismus >Wassertourismus >wasserwanderrastplatz-sophienhof

Stolpe an der Peene PLZ 17391

WWR Peene Hafen Stolpe, Peeneblick 26, 0176-210 58 588, www.hafenstolpe.de

Obstfritzes Ferienhaus, Peeneblick 24, Tel. 0179-145 00 80, www.obstfritze.de

Relais & Châteaux Gutshaus Stolpe, (stilvoll, hochpreisig), Peenestraße 33, Tel. (039721) 55 00, www.gutshaus-stolpe.de

Trittelwitz (Peene) OT von 17111 Schönfeld

Landhof Trittelwitz, Dorfstr. 12, Tel. (039994) 79 88 39, www.naturhof-trittelwitz.de

Wasserwanderrastplatz (Trocken-WC), www.schoenfeld-trittelwitz.de/trittelwitz.html

Verchen (Kummerower See) PLZ 17111

Wasserwanderrastplatz „Aalbude", Seestr. 16, Tel. 0177-684 84 85

Kinder- & Jugendhotel Verchen, (günstig, schönes Café (Mo-Do 14-17) mit leckerem Kuchen), Kirchstr. 16a, Tel. (039994) 79 30, www.freizeitspass-verchen.de

Pension „Am See", Seestr. 13, Tel. (039994) 109 30, pension-am-see-verchen.de

Übernachtung in Wassernähe – Peenestrom

Freest (Peenestrom, Festlandseite, OT von 17440 Kröslin)

Waldcamp Freest, (Zelt, FeWo, Lodges Wald & Meeresblick, Waldfass, Seefass, Ferienhaus), Dorfstraße 74, Tel. (038370) 205 38, www.campingplatz-freest.de

Kamp (Peenestrom Festlandseite, Oderhaff) OT von 17398 Bugewitz

WWR Kamp, Kamp 10a, Tel. 0151-59 83 88 78, www.hafenverein-kamp.de

17440 Lassan (Peenestrom, Festlandseite)

Fischerhütte Lassan, Kalkofen 1, Tel. 0172-300 27 54, www.fischerhuette-lassan.de

Ackerbürgerei, Lange Str. 55/57, Tel. (038374) 51 11, www.ackerbuergerei.de

Naturcamping Lassan, (Zelt, Schlaffass, urige Hüttchen, Sauna, Kanu & SUP), Garthof 5, Tel. (038374) 55 99 51 und 0170-931 89 67, www.campingplatz-lassan.de

17440 Lütow (Peenestrom/Krumminer Wiek, Usedom, Halbinsel Gnitz)

Natur Camping Usedom, (Zelt, Blockhütten, Kanu-, Radvermietung, Gaststätte, Einkaufsmöglichkeit), Zeltplatzstr. 20, Tel. (038377) 405 81, *befestigter Weg (Bootswagen!) zum oberhalb des Steilufers gelegenen Platz),* www.natur-camping-usedom.de

17449 Peenemünde (Peenestrom, Usedom)

„Halbinsel Peenemünde", (Biwak, Schiffs-Pension, Jurte, Hütten, Apartments, WoMo), Fährstr. 9, Tel. (038371) 55 66 23, 0174-648 40 45, www.halbinsel-peenemuende.de

Marina des MRV Peenemünde, (Biwak, Sanitär), Hafenpromenade 10, Tel. (038371) 26 88 62, www.mrv-peenemuende.de

Rankwitz Hafen (Peenestrom, Usedom, OT von 17406 Rankwitz)

Hafen Rankwitz & WWR, (Biwak, Ferienhäuser, Apartments, Dorfladen, Turmsauna), Am Hafen 1, Tel. (038372) 705 21, (038372) 76 77 78, www.hafen-rankwitz.de

Wehrland (Peenestrom, Festlandseite, OT von 17440 Zemitz)

Wassersport-Camp am Peenestrom, (Biwak, Finnhütten), Zum Bauerberg 7, Tel. (038374) 822 80 und 0172-303 03 39, www.wassersport-camp.de

17438 Wolgast (Peenestrom, Festlandseite)

Hotel „Der Speicher", Hafenstr. 22, Tel. (03836) 23 18 91, www.speicher-wolgast.de

Fischmarkt 3, Am Fischmarkt 3, Tel. (03836) 275 83 00, www.fischmarkt3-wolgast.de

Garni-Hotel „Schilfhaus", Am Fischmarkt 7, Tel. (03836) 23 71 00 und 0160-94 96 53 24, www.hotel-schilfhaus.de

Garni-Hotel & Pension „Spitzenhörnbucht", Am Fischmarkt 52-56, Tel. (03836) 20 34 22, www.hotelspitzenhoernbucht.de

Kanusportverein Wolgast, 2-3 Tage vorher anmelden!, Peenemünderstr. 8, Tel. (03836) 60 03 80 und 0171-260 38 67, www.kanu-wolgast.de

PeeneCamp Wolgast, (Zelt- & WoMo-Stellplatz), Am Strom 6, Tel. 0160-10 66 066, www.peenecamp-wolgast.de

Zecherin (Peenestrom, Usedom, OT von 17406 Usedom)

Haus Katrin (ehemals Peene-Idyll), An der Zecheriner Brücke, booking.com

Peenestromhof Peters, (Zelt, Zimmer, FeWo, WoMo), Zecherin 1, Tel. (038372) 706 49, www.peenestromhof.de

Zecherin (Peenestrom, Usedom, OT von 17449 Mölschow)

Hafen Zecherin, (Biwak, FeWo), Wolgaster Weg 3a, Tel. (03836) 20 23 16 und 0173-985 11 96, www.hafen-zecherin.de

Ziemitz (Peenestrom, Usedom, OT von 17440 Sauzin)

Sportboothafen Ziemitz, (Zelt, Pension, FeWo, Sauna, Brötchenservice), Koppelweg 7b, Tel. (03836) 20 67 65 und 0160-271 49 81, www.hafen-ziemitz.de

Kanuvermieter

Anklam (Peene) PLZ 17389

WSC-Peeneland/Wasserwanderrastplatz Anklam, Am Entensteig 1a, Tel. 0162-520 22 02, www.wasserwanderrastplatz-anklam.de

Dahmen (Malchiner See) PLZ 17166

CampingParadies Dahmen, Am Erlengrund 1, Tel. (039933) 73 37 53 und 0173-630 46 31, www.campingparadies-dahmen.de

Demmin (Peene) PLZ 17109

Driftholt Floß- und Kanuverleih in der Peene Marina Demmin, Loitzer Str. 48, Tel. 0175-579 43 82, www. flossverleih.de

Loitz (Peene) PLZ 17121

Kanustation Loitz & Amazonas-Camp an der Marina Loitz, Mühlentorvorstadt 12, Tel. (039998) 41 90 01 & 0177-271 16 88, www.urlaub-peenetal.de

Lütow (Peenestrom/Krumminer Wiek, Usedom, Halbinsel Gnitz) PLZ 17440

Red Woods Insel Usedom, Wassersportschule, Tel. 0160-96 22 48 30, Zeltplatzstr. 20, www.redwoodscamp.com

Malchin (Peene) PLZ 17139

Malchiner Kanu-Club, auf Koesters-Eck, Am Kanal 4, Tel. (03994) 23 94 68 und 01520-364 54 53, www.malchiner-kanu-club.de

Wasserfreizeit Bremer, (Shop für Angel- & Bootszubehör, Kanuvermietung & -transport), auf dem WWR Koesters Eck, Am Kanal 2, Tel. (03994) 22 36 65 und 0174-9176737, www.wasserfreizeit.com

Menzlin (Peene) OT von 17390 Ziethen

Kanuverleih & Floßfahrten Menzlin, Dorfstr. 5, 17390 Groß Polzin, Tel. 01520-405 20 68, www.kanuverleih-menzlin.de

Salem (Kummerower See) OT von 17139 Malchin

SegelBasis Salem, (Vermietung von Kanus & Segelbooten, Segelschule, Tel. anmelden), Am Hafen 1, Tel. (039923) 71 60, www.kanubasis.de

Seedorf (Malchiner See) OT von 7139 Basedow

Campingpark Seedorf, Tel. (039957) 291 39, www.campingpark-seedorf.de

Stolpe an der Peene (Peene) PLZ 17391

Peene Hafen Stolpe, Tel. (039721) 24 03 24 & 0172-862 47 06, www.hafenstolpe.de

Verchen (Kummerower See), PLZ 17111

Abenteuer Peenetal im Naturpark-Infocenter, Seestraße 7, Tel. (039994) 74 99 37 und 0174-165 29 15, www.abenteuer-peenetal.com

Örtliche Fahrradvermieter – Peene

Dahmen (Malchiner See) PLZ 17166

CampingParadies Dahmen, Am Erlengrund 1, Tel. (039933) 73 37 53 und 0173-630 46 31, www.campingparadies-dahmen.de

Malchin (Peene) PLZ 17139

Zweirad Hassemer, Bring- & Abholservice im Raum Kummerower See, Stavenhagener Str. 19, Tel. (03994) 22 30 04, www.zweirad-hassemer.de

Verchen (Kummerower See) PLZ 17111

Ferienpark Verchen (auch Wasserfahrräder), Seestr. 4, Tel. 01520-158 06 18, www.ferienhaeuser-am-kummerower-see.de

MV-Rad.de – Fahrrad-Mietsystem für Peenestrom & Usedom

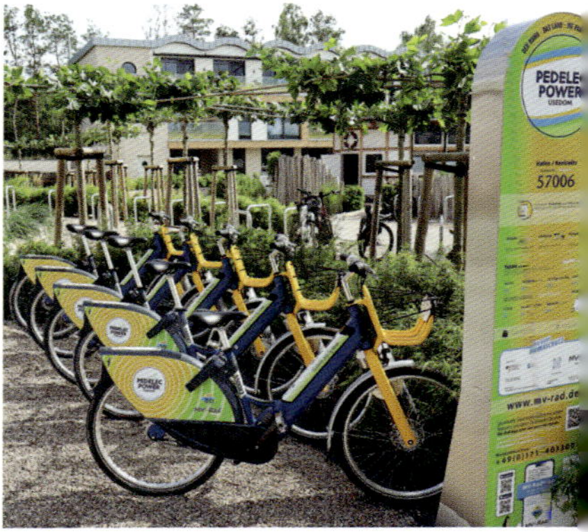

Zum **landesweiten Online-Verleihsystem MV-Rad.de** gehören auch die regionalen Systeme **StadtRad Anklam | StadtRad Wolgast | UsedomRad | Pedelec Power Usedom | uvm.**

In der Peene-Region von **Stolpe an der Peene, Anklam** über **Usedom Stadt und Insel, Wolgast, Peenemünde, Freest** bis **Greifswald** kann man sich über die **MV-Rad App** an den Rad-Stationen ein Rad *(Tourenräder, Kinderräder, z.T. auch Tandems, E-Bikes (Pedelec))* mieten und es an jeder beliebigen Station der Region wieder abgeben (One-Way Möglichkeit).

Ausnahme E-Bikes (Pedelec): Diese können nur an den **Pedelec Stationen (bislang nur auf Usedom)** entliehen und zurückgebracht werden (www.pedelec-power-usedom.de). Die E-Bike-Stationen werden noch weiter ausgebaut und sollen dann im ganzen Landkreis zur Verfügung stehen.

Bei der **einmaligen Registrierung** in der **MV-Rad App** werden 6,- € zur Verifizierung berechnet, die jedoch sofort als Guthaben zur Verfügung stehen. Über die App kann man sehen, wo wieviele und welche Räder zur Verfügung stehen und diese dann über die App mieten. Das gesamte System – normale Räder und E-Bikes – wird mit immer mehr Stationen weiter kräftig ausgebaut werden.

Siehe auch Seite 73. **Tel-Info:** MV-Rad Tel. +49 (0)171-940 22 88 & (0)171-940 11 22 und (0)160-382 06 51, UsedomRad Tel. +49 (0)172-561 65 98 und +49 (0)38375-24 71 01. **E-Mail:** info@mv-rad.de info@usedomrad.de **www:** www.MV-Rad.de

Outdoortouren-Veranstalter & Geführte Touren

Naturreisen MV, (Kanu, Wandern, Rad), Tel. 01525-755 46 00, www.naturreisen-mv.de

Anklam (Peene, PLZ 17389)

Abenteuer Flusslandschaft, (geführte Wanderungen, Naturführungen mit Tierbeobachtungen, Hausbootvermietung, Flusscafé), Werftstr. 6, Tel. (03971) 24 28 39, www.abenteuer-flusslandschaft.de

Malchin (Peene) PLZ 17139

Malchiner Kanu-Club, (Vorbestellung: Bibertour mit Ranger), Am Kanal 4, Tel. (03994) 23 94 68 & 01520-364 54 53, www.malchiner-kanu-club.de

Menzlin (Peene) OT von 17390 Ziehten

Kanuverleih & Floßfahrten Menzlin, (Moorwanderung, Floßfahrt), Menzlin 65, 17390 Ziethen, Tel. 01520-405 20 68, www.kanuverleih-menzlin.de

Salem (Kummerower See) PLZ 17139

Segel Basis Salem (geführte Kanu-Touren, Kanu-Bibertour, Segelkurse uvm.), Am Hafen 1, Tel. (039923) 71 60, www.kanubasis.de

Verchen (Kummerower See) PLZ 17111

„Abenteuer Peenetal" im Naturpark-Infocenter, (geführte Touren im Kanu oder Solarkatamaran auch am Abend, Angeltouren und Wanderungen), Seestr. 7, Tel. (039994) 74 99 37 und 0174-165 29 15, www.abenteuer-peenetal.com

Sehenswürdigkeiten – Peene & Peenestrom

Anklam (Peene) siehe Blick auf Anklam Seite 69-71

Bristow (Malchiner See) OT von 17166 Schorssow

Aschenputtelmuseum im Geflügel- & Taubenhaus der Gutsanlage Bristow, Tel. 0173-638 66 57, *Apr-Okt Di, Sa, So 10-16 und nach Vereinbarung*, Eintritt 2 €.

Buggenhagen (Peenestrom, Festlandseite, Lassaner Winkel) PLZ 17440

Till Richter Museum, (Museum für zeitgenössische Kunst), Straße des Friedens 6, Tel. (038374) 55 19 19, *Do-So 11-18*, www.tillrichtermuseum.org

Bugewitz (Peenestrom bei Kamp, Anklamer Stadtbruch) PLZ 17398

Gasthaus zum Mühlengraben (Kneipe, Kino, Konzerte, Lesungen & Kindertheater im alten Bauerndorf), Dorfstr. 47, Tel. (039726) 253 97, www.weitblick-bugewitz.de

Dargun (Peene / Darguner Kanal) PLZ 17159

Museum in der Kloster- & Schlossanlage, Apr-Okt Sa,So 13.30-16.30, Jul+Aug Mi,Do,Sa,So 13.30-16.30, Tel. (039959) 203 81, www.museum-dargun.de

Demmin (Peene) PLZ 17109

Freilichtmuseum „Hanseviertel" auf der Fischerinsel, Mai-Okt tgl. 10-16, Erw. 2,50 €, Kinder 1 €, Tel. 0162-306 31 81, www.demmin.de/pdf/hviertel.pdf

Freest (Peenestrom, Festlandseite) PLZ 17440

Heimatmuseum Freest, (historische Fischer- & Landwirtschaftsgeräte, Fischerteppiche, altertümliche Wohnräume), Dorfstr. 67, Tel. (038370) 203 39, *Mo-Fr 9-15,* www.kroeslin.de >Tourismus >Heimatmuseum Freest

Räucherei Thurow (Laden & Imbiss, älteste Fischräucherei Vorpommerns, Buchen- oder Erlenholzgeräuchertes aus Altonaer Öfen, *im Sommer tgl. geöffnet*), Dorfstr. 49, Tel. (038370) 202 08, www.thurow-freest.de

Kummerow (PLZ 17139)

Fotografische Sammlung - Schloss Kummerow, Dorfstr. 114, Tel. (039952) 23 51 80, *Apr-Mai & Okt Fr-So 11-17, Jun-Sep Mi-So 11-17*, www.schloss-kummerow.de

Lassan (Peenestrom, Festlandseite, PLZ 17440)

Besuch der hübschen Gärten im Lassaner Winkel, offene, private Gärten, Termine siehe Website: www.paradiesgarten-lassaner-winkel.de

Museum Lassaner Mühle, Mühlenstr. 2 a, Tel. (038374) 802 33, *Jun-Sep Mo-Fr 10-12 + 13-16, Sa 10-12 + 14-16, So 10-12*, Erw. 4 €, Ki 2 €, www.museum-lassaner-muehle.de

Lelkendorf (Nähe Neukalen, Kummerower See) PLZ 17168

Haustierpark Lelkendorf, (gefährdete Haus- & Nutztierrassen, älteste Haustierrassen der Welt), Peeneweg 26, Tel. (039956) 29 59 30 , *tgl. Mo-So 9-18,* Erw. 4 €, Kinder 1,50 €, Fam. 10 €, www.haustierpark-lelkendorf.de

Libnow (Peenestrom, Festlandseite, Lassaner Winkel) OT von 17390 Murchin

Herrenhaus Libnow, (Ausstellungen, Konzerte und Gästezimmer), Libnow 12, Tel. (03971) 25 93 87, www.herrenhaus-libnow.de

Loitz (Peene) PLZ 17121

Torfkopp Museum, (Museum der Torfgeschichte an Peene und in Deutschland), Mühlentorvorstadt 8a, Tel. 0177-886 01 67, *Sa + So 14-17*, www.torfkopp-museum.de

Malchin (Peene, PLZ 17139)

Museum in der Stadtmühle, Goethestr. 5, Tel. (03994) 22 72 35, *ab Mai So 14-17 oder nach Vereinbarung*, www.museum-malchin.de

Papendorf (OT von Lassan, Peenestrom, Festlandseite, Lassaner Winkel)

Duft- und Tastgarten, (thematische Führungen, Kräuter-Koch-Seminare, Aktionen für Kinder), Am Weiher 9, Tel. (038374) 68 99 95, *immer geöffnet, Kiosk und Café: Mai-Sep Mi-So 11-17,* Eintritt: Erw. 3,50 € www.mirabellev.de

Peenemünde (Peenestrom, Usedom) PLZ 17449

Bootsbau-Workshop, (Holzkanus, SUP uvm.), Ursula Latus, Fährstraße 1, Tel. (038371) 256 59 und 0177-560 68 32, www.boot-workshop.de

Historisch-Technisches Museum, (Heeresversuchsanstalt), Im Kraftwerk, Tel. (038371) 50 50, *Apr-Sep tgl. 10-18, Okt-Mär 10-16 (Nov-Mär Mo geschlossen)*, Eintritt Erw. 10 €, Erm. 7 €, Kinder 2 €, www.museum-peenemuende.de

Phänomenta, (interaktive Ausstellung), Museumsstr. 12, Tel. (038371) 260 66, *tgl. 10-18*, Eintritt 13,50 €, Kind 7,50-11,50 €, www.phaenomenta-peenemuende.de

Spielzeugmuseum Peenemünde, Museumsstr. 14, Wieder-/Neueröffnung Mitte 2024, www.usedom-spielzeugmuseum.de

U-Boot Museum, Haupthafen Peenemünde, Tel. (038371) 890 54, *Jul-15.Sep 9-19, Mai-Jun+16.Sep-15.Okt 10-17, sonst 10-15,* Eintritt 7 €, Fam. 14,50-16 €, www.u-461.de

Prätenow (Peenestrom, Usedom) OT von 17419 Dargen

Wisentpark Usedom, Heideweg 1, Tel. 0162-163 77 79, *Ostern-Okt 10-17, Nov-Ostern 10.30-15.30, Fütterungszeit: 10+14:30,* Eintritt 5 €, www.wisentgehege-usedom.de

Rankwitz (Peenestrom, Usedom) PLZ 17406

Museumshof Lieper Winkel, Dorfstr. 1, Tel. (038372) 77 88 66, *Mitte Mai-Anf Okt Mi 10-16,* Eintritt gegen Spende, heimathof-lieper-winkel.de

Remplin (bei Malchin) PLZ 17139

Sternwarte im Lenné-Park, *Führungen Tel. (030) 534 80 82,* sternwarte-remplin-ev.de

Trassenheide (Peenestrom, Usedom) PLZ 17449

Schmetterlingsfarm Trassenheide, Wiesenweg 5, Tel. (038371) 282 18, *HS 9.30-18, NS 9.30-17,* Eintritt Erw. 17 €, Kinder 9 €, www.schmetterlingsfarm.de

Welzin (Peenestrom, Usedom) PLZ 17406

Inselkäserei Usedom, (Käse nach Schweizer Rezepten, z.B. auf „Holzfeuer gebrannt"!), Welzin 30, Tel. (038372) 761 39, *Mo-Sa 10-18, So 13-18*, www.inselkaese.de

Wolgast (Peenestrom, Festlandseite), siehe auch Blick auf Wolgast Seite 89-91

Rungehaus Wolgast, Kronwiekstraße 45, Tel. (03836) 20 20 00, *Di-So 10-17*

Stadtgesch. Museum, Rathauspl. 6, Tel. (03836) 20 30 41, *Di-So 10-17*

Tierpark Wolgast, Am Tierpark 1-2, Tel. (03836) 60 24 31, *Mai-Sep 9-18, Okt 9.30-16.30, Nov-Feb 10-15, Mär-Apr 10-16,* Eintritt Erw. 9 €, Kinder 7 €, www.tierparkwolgast.de

Auskunft & Tourist-Infos

Anklam (Peene) PLZ 17389

Anklam-Information, Markt 3, Tel. (03971) 83 51 54, www.anklam.de

Basedow (Malchiner See) PLZ 17139

Naturpark-Infozentrum Mecklenburgische Schweiz & Kummerower See, Wargentiner Str. 4, Tel. (039957) 299 70, www.naturpark-mecklenburgische-schweiz.de

Demmin (Peene) PLZ 17109

Stadtinfo, Am Hanseufer 1, Tel. (03998) 22 50 77, www.hansestadt-demmin.m-vp.de

Gützkow (Peene) PLZ 17506 www.guetzkow.de

Jarmen (Peene) PLZ 17126

Stadtinfo Jarmen, Dr.-Georg-Kohnert-Str. 5, Tel. (039997) 15 20, www.jarmen.de

Karlshagen Ort (Usedom) PLZ 17449

Tourist-Info Karlshagen, (für den nördlichen Teil Usedoms, auch Peenemünde), Hauptstraße 4, Tel. (038371) 554 90, www.karlshagen.de

Lassan/Lassaner Winkel (Peenestrom, Festlandseite) PLZ 17440

Tourist-Info, Markt 9, Tel. (038374) 55 98 68 oder 802 33, ***Netzwerk Kräuter:*** www.lassaner-winkel.de

Malchin (Peene) PLZ 17139

Stadtinfo Malchin, Am Markt 1, Tel. (03994) 64 01 11, www.malchin.de

Stolpe an der Peene (Peene) PLZ 17391

Naturpark Flusslandschaft Peenetal, Naturpark-Info, Peeneblick 1, Tel. (039721) 56 92 90, www.naturpark-flusslandschaft-peenetal.de

Stadt Usedom (Peenestrom, Usedom) PLZ 17406

Stadt-Info & Naturpark Infozentrum, im Klaus-Bahlsen-Haus, Bäderstr. 5, Tel. (038372) 76 30, www.stadtinfo-usedom.de & www.naturpark-usedom.de

Verchen (Kummerower See) PLZ 17111

Abenteuer Peenetal (Kanustation & Naturpark-Info), Seestr. 7, Tel. (039994) 74 99 37, www.abenteuer-peenetal.com

Wolgast (Peenestrom, Festlandseite) PLZ 17438

Stadtinfo, Kronwiekstr. 3, Tel. (03836) 60 01 18, www.wolgast.de & www.wolgast.m-vp.de

Webseiten zur Peene, Insel Usedom & Wollin

www.naturschutz-peenetal.de

www.naturpark-usedom.de

www.naturpark-mecklenburgische-schweiz.de

www.vorpommersche-dorfstrasse.de

www.insel-usedom-wollin.de

Kanuverbände & Kanu-Zeitschriften

(BVKanu) Bundesverband Kanu e.V., c/o BVWW, Gunther-Plüschow-Str. 8, 50829 Köln, Tel. (0221) 595 71-0, www.bvkanu.de

(DKV) Deutscher Kanu-Verband, Bertaallee 8, 47055 Duisburg, Tel. (0203) 99 75 90, www.kanu.de

kajak magazin, Tel. (07221) 952 10, www.wir-leben-outdoor.de

KANU-Magazin, Tel. (089) 55 24 10, www.kanumagazin.de

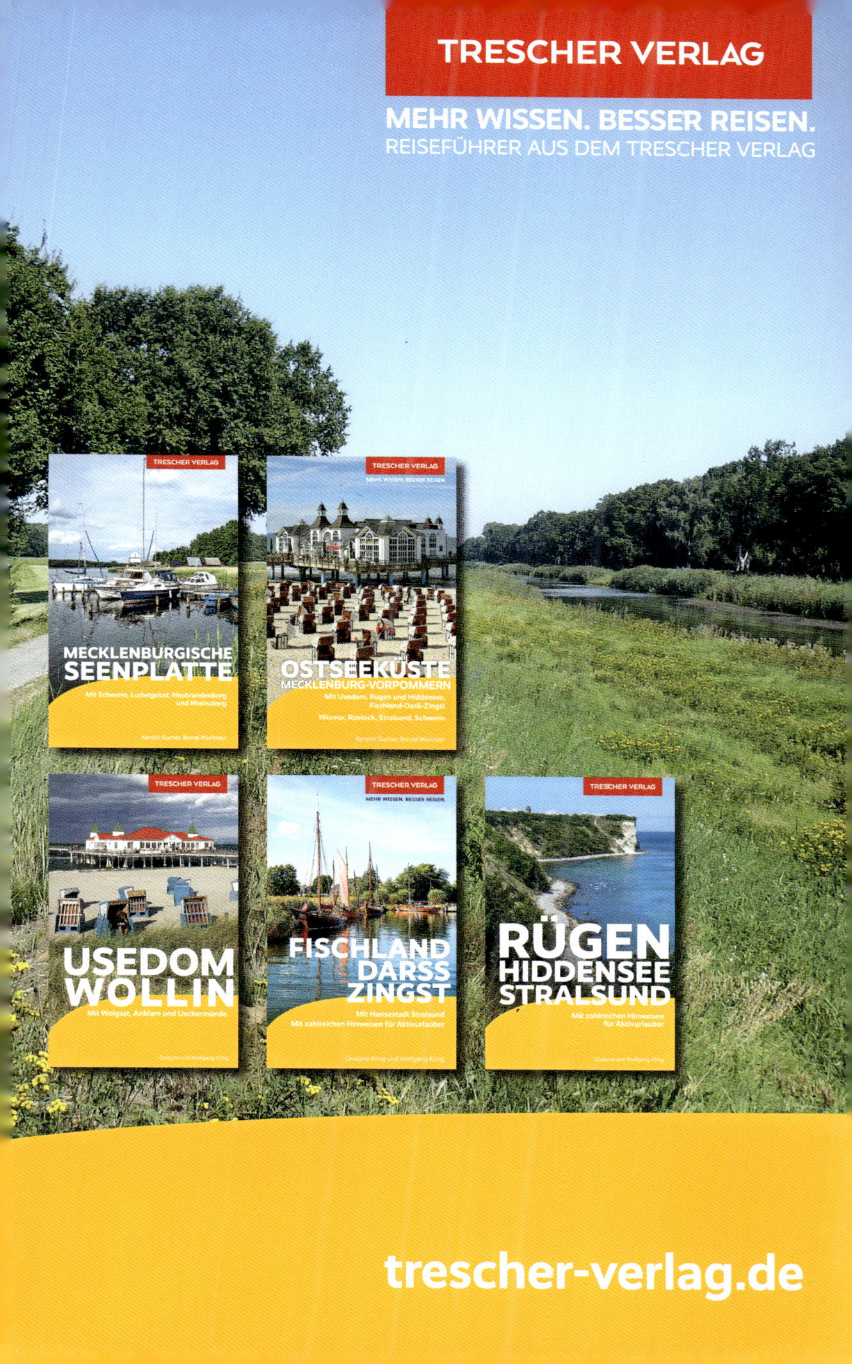
TRESCHER VERLAG
MEHR WISSEN. BESSER REISEN.
REISEFÜHRER AUS DEM TRESCHER VERLAG
MECKLENBURGISCHE SEENPLATTE
Mit Schwerin, Ludwigslust, Neubrandenburg und Rheinsberg
OSTSEEKÜSTE MECKLENBURG-VORPOMMERN
Mit Usedom, Rügen und Hiddensee, Fischland-Darß-Zingst
Wismar, Rostock, Stralsund, Schwerin
USEDOM WOLLIN
Mit Wolgast, Anklam und Ueckermünde
FISCHLAND DARSS ZINGST
Mit Hansestadt Stralsund
Mit zahlreichen Hinweisen für Aktivurlauber
RÜGEN HIDDENSEE STRALSUND
Mit zahlreichen Hinweisen für Aktivurlauber
trescher-verlag.de

Die Autoren

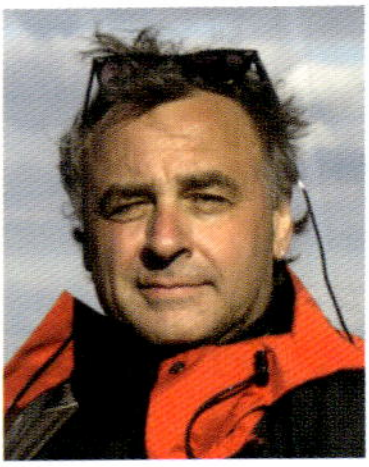

Thomas Kettler
Fotograf und Autor; zahlreiche Reisen in Europa und Südamerika; Wandertouren in Finnland, Norwegen und Schweden sowie auf den Kanarischen Inseln; begeisterter Kanuwanderer.

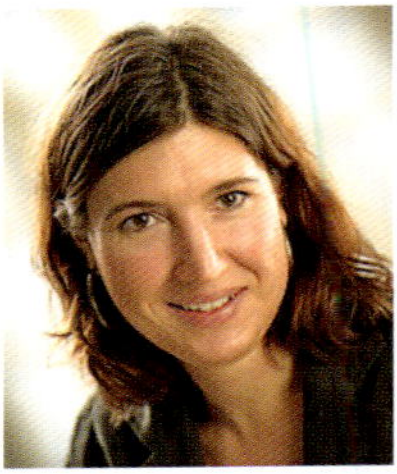

Carola Hillmann
Grafikerin & Illustratorin; am liebsten unterwegs in Deutschland und Skandinavien – vorallem mit dem Kanu oder zu Fuß.

Der Kartograf

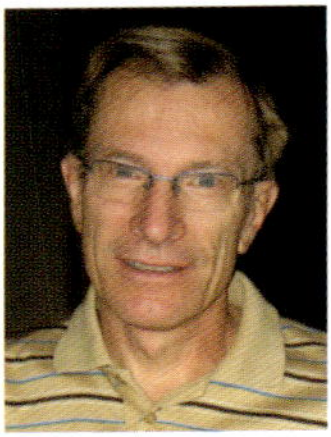

Jübermann - Kartographie und Verlag hat sich auf die Herstellung von Gewässerkarten für Wassersportler spezialisiert. Alle Karten, meist im Maßstab 1:100.000 und größer, sind in Bezug auf die Gewässer bzw. Wassersportinhalte im Gelände komplett überprüft. Jeder dargestellte Gewässer-km ist auch per Boot kontrolliert worden. Hier sind keine Schreibtischtäter am Werk, sondern passionierte Wassersportler (Erhard Jübermann z. B. mit ca. 60.000 gepaddelten km), die all ihre Erfahrung weitergeben www.juebermann.de

Register

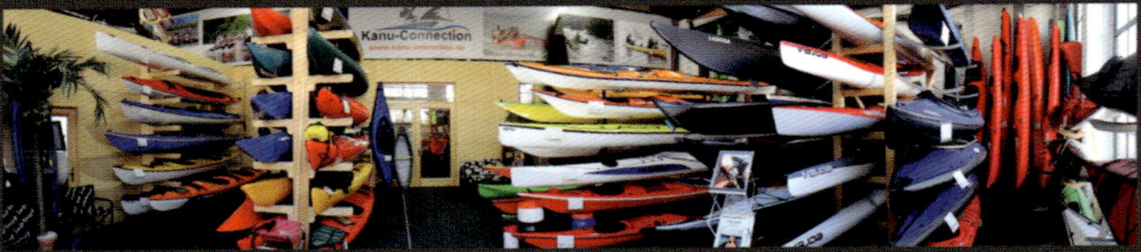
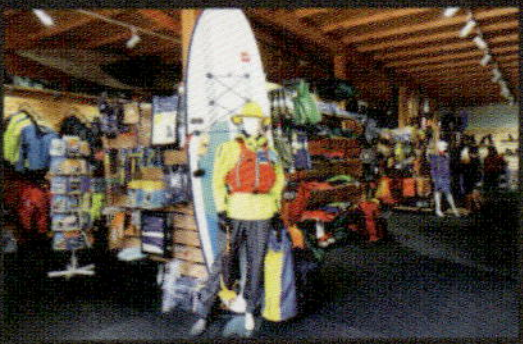
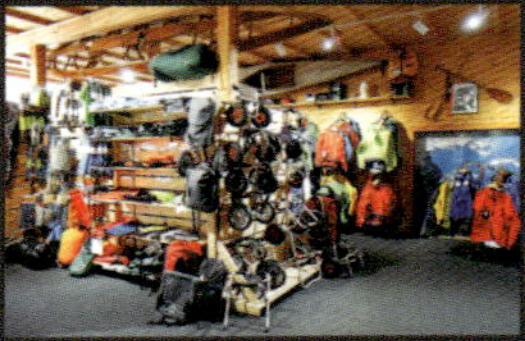
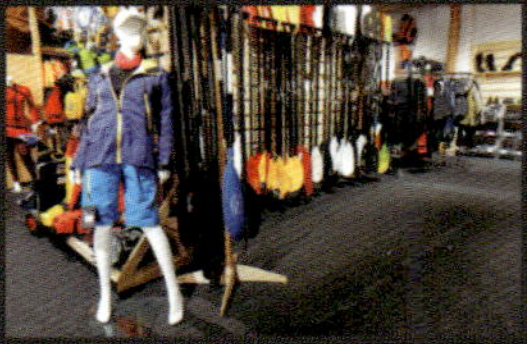